数字时代的中国国家书目建设及其FRBR化服务

毛雅君 等 编著

国家图书馆出版社

图书在版编目(CIP)数据

数字时代的中国国家书目建设及其 FRBR 化服务/毛雅君等编著. —北京:国家图书馆出版社,2018.2

ISBN 978-7-5013-6556-2

Ⅰ.①数…　Ⅱ.①毛…　Ⅲ.①国家书目—编制—数字化—研究—中国　Ⅳ.①G257.2-39

中国版本图书馆 CIP 数据核字(2018)第 203478 号

书　　名 数字时代的中国国家书目建设及其 FRBR 化服务
著　　者 毛雅君 等　编著
责任编辑 王炳乾
封面设计 耕者设计工作室

出版发行 国家图书馆出版社(北京市西城区文津街 7 号　100034)
(原书目文献出版社　北京图书馆出版社)
010-66114536　63802249　nlcpress@nlc.cn(邮购)
网　　址 http://www.nlcpress.com
排　　版 凡华(北京)文化传播有限公司
印　　装 北京鲁汇荣彩印刷有限公司
版次印次 2018 年 2 月第 1 版　2018 年 2 月第 1 次印刷

开　　本 710×1000(毫米)　1/16
印　　张 13
字　　数 220 千字
书　　号 ISBN 978-7-5013-6556-2
定　　价 68.00 元

自　　序

国家书目是一个国家全部出版物的历史与现状的记录，是揭示与报道一个国家在一定时期内出版的所有文献的总目录，包括报道最近出版物的现行国家书目和反映一定历史时期内出版物的回溯性国家书目。它客观地反映出版状况，系统地报道文献，是检索情报资料的重要工具。国家书目能够反映一个国家的政治、经济、文化的发展状况与水平。

随着数字时代的来临和蓬勃发展，国家书目已由传统的对印刷型出版物或实体出版物的单一书目揭示拓展到涵盖多种文献类型、多种载体形式、多种语言文种的汇集书目、书影、目次和全文信息等的立体化展示，它也面临着服务对象由图书馆扩展为图书馆、出版社、书商、政府机构和个人读者的转变。国际图联书目专业组委员会就国家书目在网络出版物日益壮大的发展趋势下如何应对电子媒体的问题，专门起草了数字时代的国家书目指南（2009 年正式发布），文中特别从使用需求和用户角度出发，给出了国家书目的价值、选择原则、编目和功能界面的诸多建议，描绘了数字时代国家书目的广阔前景。

FRBR 是书目记录的功能需求（Functional Requirements of Bibliographic Records）的简称，是国际图联于 1998 年出版的一份研究报告，为资源的描述、定位提供了完整的思考框架。在作品载体越来越多样化的今天，国家书目不仅要揭示文献，更要考虑如何描述书目之间的关系，方便用户查找、识别、选择并获取文献。书目记录的功能需求（FRBR）概念模型逐步得到认可和应用。国家书目拥有很多高质量的书目数据和规范数据，同时这些数据中许多是有着版本、载体、语种等关联关系的，无疑可以通过 FRBR 受益。经调研，英国国家书目等部分国家书目已经支持 FRBR 化展示应用，Worldcat 已经提供 FRBR 化展示服务，同时，令人欣喜的是，已经有一些系统，如 Primo 系统、Innovative 系统等已经可以实现 FRBR 化模型支持，这为中国国家书目实现 FRBR 化展示应用提供了可资借鉴的经验与教训，也为中国国家书目提供 FRBR 化应用服务提供了可能性。

为了提高国家书目的价值，利用计算机进行知识组织，开展知识服务，我们需要考虑如何将现有书目记录尽量结构化，成为机器可解释的、可再利用的书目资源知识。研究 FRBR 概念模式，研究书目记录及规范记录与 FRBR 的映射关系，开展国家书目中 FRBR 化展示应用机制和原理研究，开展中国国家书目中 FRBR 化展示应用实证研究，将记录以作品为基础聚合起来，使用户能够更好更快地找到感兴趣的资料，必将提升中国国家书目服务体验和服务能力。2012 年 11 月，国家图书馆馆级重点科研项目“国家书目中 FRBR 化展示的应用研究”获准立项，项目组通过两年多的理论研究和中国国家书目的 FRBR 化展示应用实践研究，几易其稿，完成了《国家书目中 FRBR 化展示应用研究报告》，并在此基础上形成本书。

全书分上下两篇，共 9 章。由毛雅君负责第八章、第九章和全书统稿；刘瑛负责第一章和第三章；廖永霞负责第四章；朱青青负责第五章和第六章；郝嘉树负责第二章和第七章。项目组成员王洋、万爱雯、索晶、金文昌、王萃和杨熙等参与了《国家书目中 FRBR 化展示应用研究报告》的研究和撰写。国家图书馆中文采编部刘晓玲、曹玉强、于鹏参与了《国家书目中 FRBR 化展示的应用研究》的部分研究内容。此次付梓出版，得到本书编写者、项目组成员以及参与项目研究的各位老师和同事们的鼎力协助，数易其稿，方始成型，特此感谢！同时对参与数字时代的中国国家书目建设及其 FRBR 化改造实践工作的各位老师和同事们表示诚挚的感谢！

限于学识和水平，本书内容难免有错误不足之处，敬请专家和读者不吝赐教。

毛雅君

2018 年 1 月 18 日

于国家图书馆

目　录

上篇　数字时代的中国国家书目建设

下篇　中国国家书目的 FRBR 化服务

上篇　数字时代的中国国家书目建设

第一章　国家书目的内涵与价值

第一节　国家书目的基本概念

书目既是文献之缩影，也是组织、管理、宣传、利用文献的工具。国家书目则是实现国际，乃至全球文献交流与共享的基础①。

一、国家书目的定义

何谓“国家书目”？“国家书目”这一术语最早出现在19世纪中叶的文献中②，主要指全国性的图书列表。直至20世纪上半叶，该术语才有了公认的广义的定义。1955年，现行全国性的书目被看作是一国国内上一年度出版的所有书籍、文献、宣传册和期刊的完整清单。现代意义上的国家书目是指一国全国定期出版（极少可能延误）的全国产品（即国内出版业的产品）权威的综合性记录的总和。它由国家书目机构依照国际标准制作，出版细节和作者身份均经过详细调查与验证③。

最全面的定义：国家书目是一个国家全部出版物的历史与现状的记录④，应包括国内现有的出版物和回溯数据；应当包括一国出版的所有不同语种和（或）文字的资料，可能的情况下应该包括出版物原版的语种和（或）文字⑤。它客观地反映出版状况，系统地报道文献，是检索情报资料的重要工具。国家书目能够反映一个国家的政治、经济、文化的发展状况与水平。

二、国家书目的缘起

我国历史文化悠久，典籍丰富，自汉代以来就有着国家编制书目的传统。各朝

---

① 文榕生. 中国国家书目探究［J］. 图书馆论坛，2011（6）：207－213.

② 数字时代的国家书目：指南和新方向——IFLA［EB/OL］.［2017－04－26］. http://www.docin.com/p-610857415.html.

③⑤ IFLA 国家书目指南工作组. 数字时代的国家书目：指南和新方向［EB/OL］.［2010－03－26］. http://www.ifla.org/files/bibliography/publications/national-bibliogratphies-digital-age-zh.pdf.

④ 陈传夫，柯平，刘正福. 三十五年来的我国国家书目［J］. 武汉大学学报（社会科学版），1984（6）：112－117.

官修书目、艺文志反映了我国古代图书的概貌。我国历史上最早有计划、有组织的书目工作可追溯至汉代的《汉书·艺文志》。它以刘向、刘歆的《别录》《七略》为蓝本，是我国现存最早具有国家书目性质的文献[①]。

1545 年，瑞士博物学家、医学家和文献学家格斯纳（Conrad von Gesner，1516—1565），西方近代书目的创始人之一，提出欧洲修道院藏书需要目录，他编制了《世界书目：拉丁文、希腊文、希伯来文全部书籍目录》，正编三册，补遗一册。

1595 年，A. 蒙塞尔编制了一部《英国出版图书目录》，这部目录是最早的国家出版目录，不同以往的是，目录的编排方式是按名排列而非按姓氏排列[②]。

以上这些书目还不属于现代真正意义上的国家书目，而是藏书目录或出版目录（书商书单）。

1858 年"国家书目"一词首次出现于文献中。1871 年瑞士出版了现行国家书目，美国（1898 年）、比利时（1875 年）、波兰（1878 年）、保加利亚（1897 年）也相继出版现行国家书目。到了 20 世纪 80 年代，全世界有近百个国家编辑出版了国家书目。中国自 1987 年起编制《中国国家书目》[③]。

三、国家书目的价值

国家书目，是一个国家以书本或其他形式，定期或不定期地报道该国家全部出版物的登记性书目。它是一个国家全部出版物的现状和历史记录。因此，它是国家文化宝库的见证，同时也是国家图书文献的历史记录，是要世代相传的。

国家书目包括两种类型：现行国家书目，即报道一个国家或地区近期出版和发行的出版物，介绍、报道反映国家科学、文化、社会生活等方面最新成就的文献，是统计国家书籍出版的唯一可靠的资料，为国内其他类型目录的发展和国际范围内的目录控制创造了必要的条件；回溯性国家书目，即反映一个国家或地区过去某一时期出版和发行的出版物的状况，它可以作为一个国家精神文化和文化遗产的具体表现。

国家书目的功能和作用主要表现在以下五个方面[④]：

（1）现行国家书目可以反映一个国家或地区出版物的数量及分布状况，以便对

---

① 廖永霞，毛雅君. 数字时代中国国家书目的探索与实践[J]. 国家图书馆学刊，2012(5)：102 - 107.

② 倪晓健. 国家书目[J]. 四川图书馆学报，1985(2)：44 - 46.

③ 费巍. 西方目录学的发展及其对我国目录学研究的借鉴意义[EB/OL]. [2016 - 03 - 26]. http://www.docin.com/p-1101943518.html.

④ 王艺. 国家书目及其编制[J]. 四川图书馆学报，1987(6)：37 - 43.

其实行全面的控制。现行国家书目按原则要求应收录本国现期内所有的出版物，至少应收录经国家版权登记的所有出版物。因此，国家通过现行国家书目中出版物数量的统计，可以及时掌握全国出版物的各种统计资料，如出版物数量增长或下降的速度、趋势等。现行国家书目一般按分类编排，据此可以考察和掌握全国出版物的学科分布状况，从中了解一定时期内学术文化发展的特点和一般趋势，亦可以从一个方面考察国家某些政策的实施（如教育、经济等政策）对出版物的影响。

现行国家书目的主要任务是登记和统计本国近期的出版物，这是一个国家实行文献管理的基础，反映了一个国家文化进步的程度。

（2）现行国家书目可以为全国各图书馆和文献服务机构提供标准书目记录的范例，并进一步作为促进全国文献著录标准化的手段和工具，同时也是图书馆和个人采购图书的依据。现行国家书目的编纂按原则由政府专设的国家机构承担，该机构负责出版按国家标准著录的国家书目。因此，出版及时的国家书目可以作为地区的或小型图书馆编目的样例。一些偏远地区的图书馆可以依据国家书目提供的信息进行图书采购，个人也可以利用国家书目查找到与自己有关的文献的各种信息（如书名、作者、出版者、价格等）。

（3）国家书目也是实现全球文献交流与共享，进而达到世界书目控制的基础。随着科学技术的发展，国际的文化交流日益频繁，人们意识到书目在国际资源共享中的重要性。任何国家的学者都能通过国家书目掌握世界范围内有关课题的研究状况，并通过国际网络获得所需的资料。

（4）国家书目是编制其他各种书目的基础。国家书目是对一个国家全部出版物的综合记录，是一个国家出版物最全面的反映，没有这样一个综合性的登记性目录，任何专题目录都不能保证它的可靠性和完备性。

（5）回溯性国家书目具有史料和档案价值。反映过去某段时期内全部出版物的国家书目，可以反映一个国家文化发展的历史概况，是考察一个时期内学术、经济发展及出版史的重要资料，并为各国之间文化与学术的比较研究提供依据。

四、国家书目的几点要素

国家书目的编制机构，通常是国家图书馆或专门建立的书目机构。1950 年，联合国教科文组织（UNESCO）发起了书目资源利用会议，在会议上成立了两个工作小组，专门研究国家和国际书目的服务问题。会议认为："书目工作实践的发展将取决于国家计划机构，这些计划机构将在每一个国家产生，并且每一种机构的情形将有赖于国家的环境。计划机构可以是国家的组织，也可以是国家书目中心，还可以像图书馆和文献学会、书目服务用户学会那样是自愿组织的委员会。”1969 年，国际图书馆协会联合会（IFLA）通过了“综合登记书目”计划，要求各国建立书目中心，登记本国出版物并在国际范围内交换书目情况。

编制国家书目的资料来源大体有三种：呈缴本；通过版权登记征得的出版物；图书馆馆藏或书商、出版商赠送的图书①。

在收录原则上，大多数国家书目仅包括本国境内某个时期用多种语言出版的图书，少数还包括本国以外的用本国语言出版或关于本国的图书。由于政治、语言、地理原因，各国国家书目收录范围不尽一致。如《法文出版物总目》包括瑞士、法国和其他国家用法语出版的图书，塞内加尔的国家书目同时也收录了邻国马里的图书②。因为国家书目会受到实际国土面积、语言、义务送缴以及编纂者的影响，所以国家书目所著录图书数量的情况可以反映出这个国家获取图书的方针。

在收录文献类型方面，各国国家书目体例不尽相同。1950 年，UNESCO 国际会议给出建议：将所有资料、文献实行登记，现行国家书目的组织结构要合理。理想的合乎标准的现行国家书目应该包括③：

（1）国内出版和出售的所有书籍和小册子，这些书和小册子不取决于是用什么文字出版的，那些引起人们兴趣的学位论文、政府出版物也要收录进去；

（2）不出售的书籍和小册子目录；

（3）杂志、报纸上最重要文章目录；

（4）图画和地图册目录；

（5）乐谱目录；

（6）视听资料目录；

（7）未发表的科学研究论著目录；

（8）政府刊物目录；

（9）报纸杂志、参考书目录；

（10）出版者和书刊经营者手册目录；

（11）科学社团、研究所、图书馆和其他团体、机构的手册。

在编排体例上，一般包括文献著录和文献编排两方面。文献著录，是指对收录于书目中的单元文献进行描述，以形成书目的基本数目④。为了适应本国的实际国

---

①② 费巍. 西方目录学的发展及其对我国目录学研究的借鉴意义[EB/OL]. [2016 - 03 - 26]. http://www. docin. com/p-1101943518. html.

③ 张厚生. 回溯性国家书目和现行国家书目[J]. 山东图书馆季刊，1982(4)：62 - 63.

④ 王艺. 国家书目及其编制[J]. 四川图书馆学报，1987(6)：37 - 43，47.

情，并兼顾国际互换性，在符合国际通用的标准著录法的基础上，各国应制定本国的国家书目著录标准。文献编排，通常采用分类编排，如《比利时书目》按《杜威十进分类法》编排；有的国家书目按主题编排，如《奥地利书目》分为13个主题，每个主题下按作者字母顺序排列；还有的国家书目按出版物的形式等编排，如加拿大的国家书目先按出版物的形式划分，再按《杜威十进分类法》编排。国家书目通常附有辅助索引和标题表，可从多种角度揭示和检索文献。国家书目在文献著录和款目编排方面通常更加规范化和标准化①。

国家书目的出版周期，总的原则是周期短且按时出版。单卷本的书目应出版定期的累计本。

第二节　数字时代的国家书目

经济技术的发展促进了科学文化的繁荣，人类进入了信息化社会，文献的增长速度已经达到惊人的程度。文献的类型多样，语种复杂，分散重复，老化加快；人们要准确、快速、广泛地检索和获取自己所需要的文献时会遇到诸多困难。为了解决不断增长着的巨大文献量与人们对文献检索利用的低效率之间日益尖锐的矛盾，唯一有效的途径就是实行书目控制，通过世界各国的相互协作，由国家书目控制（National Bibliographic Control，简称NBC），过渡到世界书目控制（Universal Bibliographic Control，简称UBC），最终实现“资源共享”②。

一、书目控制

1973年，国际图书馆协会联合会（IFLA）在法国格勒诺布尔召开了以UBC为主题的第39届代表大会，专门探讨了UBC这一全球性计划的具体问题，会议上许多文章建议，必须尽快地使现行国家书目向UBC靠拢。第二年形成了IFLA的“UBC正式声明”。NBC作为UBC的一个分级控制系统，是实现UBC的基础，因此各国都首先致力于国家书目控制③。

书目控制的主要工作实践包括国际书目控制（UBC）和国家书目控制（NBC）。

---

①　费巍.西方目录学的发展及其对我国目录学研究的借鉴意义[EB/OL].[2016-03-26].http://www.docin.com/p-1101943518.html.

②③　程焕文.世界书目控制：现状、趋势和策略[J].中山大学学报（哲学社会科学版），1990(2)：111-118.

国际书目控制被联合国教科文组织和 IFLA 列为长期计划，其主要目标在于建立一个从事书目交流管理的世界情报系统，试图通过一种世界各国都能接受的形式，使人们能迅速而广泛地获取各国所出版的文献，建立一个各个国家机构组成的国际书目网络，使各个成员在国际范围内结合起来，形成一个整体系统。20 多年来，国际书目控制计划主要进行了 4 项有影响的工作①：

1. 制定和推行《国际标准书目著录》(ISBD)

1974 年，IFLA 经过数年的拟订和修订工作，正式出版了供专著用的《国际标准书目著录》[International Standard Bibliographic Description for Monographs，简称 ISBD(M)]第一标准版。随后，IFLA 又在此基础上制定了一系列的其他类型资料(连续出版物、非书资料、古籍、地图、乐谱、论文等)的标准著录格式文本②。ISBD 是一套供各种类型信息资源描述著录的规则③，其目标是作为世界书目控制的主要标准，为国际书目信息交流与信息资源共享奠定基础。由于 ISBD 具有兼容、转换、识别各种文字、各类型文献目录等特点，ISBD 一出现就在图书馆、书目机构及各种信息服务领域得到了世界各国广泛的认同和应用，被一些国家作为本国的国家标准使用，因此，为促进文献信息编目的国际标准化做出了巨大的贡献。

2. 改善国家书目

1977 年，联合国教科文组织与国际图联联合在巴黎召开国家书目国际会议，敦请各国国家图书馆或相应机构负责本国国家书目的编纂，讨论国家书目控制问题，建议制定国家书目出版标准。这次大会推动了各国缴送本制度、书目中心和国家书目标准化的发展。此后，为全面发展国家书目控制，IFLA 经常讨论发展现行书目和回溯性书目、建立国家书目体系的问题，特别重视第三世界国家书目的建立与发展④。联合国教科文组织整理、出版了《国家书目机构和国家书目指南》，成了各国国家书目的标准。

3. 改进机读目录的交换工作

随着计算机在图书馆的应用，书目工作也由手工的卡片目录发展为机读目录

---

① 黄俊贵. 书目控制论的思辨：从世界到中国[J]. 中国图书馆学报，1995(5)：56－63.

② 程焕文. 世界书目控制：现状、趋势和策略[J]. 中山大学学报(哲学社会科学版)，1990(2)：111－118.

③ 孙更新，傅西平. 论 ISBD 编修工作的组织及其启示[EB/OL]. [2017－02－25]. http://www.doc88.com/p-7794205205709.html.

④ 柯平. IFLA"国际书目控制与国际机读目录"计划的回顾与展望[EB/OL]. [2017－02－25]. http://www.docin.com/p-712324188.html.

(Machine-Readable Catalogue,MARC)。美国国会图书馆 1969 年正式发行 MARC 格式磁带,让图书馆全面自动化迈出了重要的一步。随后,世界各国陆续根据本地需求开发自己的 MARC 格式。为了使全球范围的书目数据可以进行交换、共享,以实现 UBC 理念,1972 年 IFLA 成立了内容标识符工作组,1977 年推出了 UNIMARC 格式,这是一种便于国际交换机读目录的格式。

4. 促进个人姓名、团体著者和统一书名等标目形式的标准化①。

二、国家书目的发展

1950 年 UNESCO 国际会议、1977 年 UNESCO 与国际图联联合会议以及 1998 年 11 月国际图联大会所做出的一系列重要决定与建议,将国家书目的涵盖范围扩展至所有文献类型,对世界各国的国家书目服务结构产生了重要影响。1950 年 UNESCO 国际会议建议国家书目不仅仅是一份列表,更是一个为全国出版文献登记备案的书目系统,明确国家书目应登记的文献类型细则,并对不同级别的编目、国家书目的出版、法定呈缴以及国家图书馆文献保存的需求做出了简要指导。

1977 年 UNESCO 与国际图联联合会议的成果是出版了《国家书目机构及国家书目指南》,它列出了国家书目的选择标准,详述了编目级别与登记基准。它指出"国家书目至少应该包括国内出版的、含政府出版品在内的图书、连续出版物第一期以及题名变化;其他类型应根据国家图书馆界以及国家书目机构资源的需求及时扩充在内",另外提到(国家书目)机构可以根据政策决定国家书目不应只包括国内出版物,也可以包括某些特定类型的资料。这些资料与该国有着特定的关系,可以看作是国内馆藏的一部分,也就是指与该国文化、历史、地理以及语言环境的某个方面相联系的出版物。该指南着重强调国家书目必须确保一国国家出版物的基本权威登记,包括人名和公司名称的规范控制,而且该登记应该符合国际编目与分类规则的规定。无论从国家角度还是国际角度,使用的书目格式应具有兼容性。一国的国家书目对于世界书目控制(UBC)来说是必不可少的,因此书目数据能够共享与再利用是非常重要的②。

无论是 1950 年的会议还是《国家书目机构及国家书目指南》都关注在印刷型国家书目上。1998 年扩展后的建议(国家书目服务国际会议 International Conference on

---

① 李林华. 试论联合书目规范控制系统的建立与共享[J]. 上海高校图书情报工作研究,2005(1):33-35.

② IFLA 国家书目指南工作组. 数字时代的国家书目:指南和新方向[EB/OL]. [2010-03-26]. http://www.ifla.org/files/bibliography/publications/national-bibliogratphies-digital-age-zh.pdf.

National Bibliographic Services; International Congress on National Bibliographies，简称 ICNBS，2002 年）强调了国家书目中心的角色与职责以及法定呈缴的重要性：肯定了国家图书馆和国家书目机构与其他机构合作的可行性，但是总体协调的职责以及对标准的执行都应由国家书目机构掌控；再次肯定了法定呈缴用于保存国家文化遗产、知识遗产以及语言多样性，满足当今与未来用户的存取需求。这次最重要的改变涉及以下两个方面：一方面是法定呈缴，重要的是各国应当审核现有的呈缴法，考虑其各项条款是否满足当前以及未来的需要，对有必要的应当进行修订，而对于当前缺乏法定呈缴制度的国家来说，当务之急是引入法定呈缴法；另一方面，关于国家书目的覆盖面，包括一国之内出版的任何形式（载体）的文献，如印刷品、视听资料或电子资源，都应登记在国家书目中。因此，对于所有新兴的文献类型，包括互联网文献，都应与传统文献类型一视同仁。

回顾 1950 年至 1998 年以来国家书目建议的演变过程，值得注意的是 1950 年的重点放在国家书目应当登记的文献类型的细节描述上，几乎没有关于编目级别、国家书目出版、法定呈缴以及国家图书馆文献收藏的说明。1977 年的指南详细说明了国家书目应登记的文献类型的最小范畴。其重点放在确保一国出版物的权威登记上，包括人名和公司名称的规范控制。登记的书目记录应符合国际编目与分类规则，所用的书目格式应具有兼容性。1950 年到 1977 年，重心从国家书目的覆盖面转移到书目数据的登记与格式上。这一转移的发生是由于当时覆盖面被认为是显而易见的，挑战转向了联机编目和书目数据共享。1998 年的建议非常笼统，不再详述国家书目的覆盖面，它的独特之处在于其重点放在国家书目中心的角色和职责以及法定呈缴的重要性上①。

回顾现有的指南之后，考虑到国家书目机构的实践经验，工作组提出以下建议②：

（1）开发、维护以及推广规则、标准、选择原则的职责应当由国家书目中心承担。

（2）国家书目应当包括所有类型的出版物，但不必包括所有出版物。穷尽所有不是最终目标。

（3）实用的选择原则应当正式予以规定和出版。

（4）国家书目机构应当根据资源的重要程度，针对不同类型的出版物制定不同的编目级别。

---

①② IFLA 国家书目指南工作组. 数字时代的国家书目：指南和新方向[EB/OL]. [2010－03－26]. http://www.ifla.org/files/bibliography/publications/national-bibliogratphies-digital-age-zh.pdf.

(5)应当鼓励国家书目机构开发所有可用技术支持国家书目的创建和维护。

(6)国家书目机构应当寻求与其他利益相关者的合作机会,共同支持和改进国家书目。

(7)国家书目机构应当分析并定期回顾国家书目的使用情况(包括潜在的使用)。

随着数字时代的来临和数字出版的蓬勃发展,国家书目已逐步由传统的对印刷型出版物的单一书目揭示,拓展为涵盖多种文献类型、多种载体形式、多种语言文种的集书目、书影、目次和全文等为一体的立体化展示,其服务对象也由图书馆扩展为图书馆、出版社、书商、政府机构和个人读者。

过去10年出版业的变化,尤其是大量电子信息资源和网络的出现,给国家书目的范围带来了巨大改变,再加上搜索引擎技术的发展,所以需要对国家书目服务做重新评估。IFLA国家书目指南工作组2009年发布了《数字时代的国家书目:指南和新方向》,其中给出了国家书目的内涵:“现行的国家书目是一面镜子,反映了一个国家的文化。通过现有的国家书目能够了解一个国家的独特性。对农业与技术的重视,借助不同语种出版物所反映出来的社会结构,国民生活中重要的特殊风俗和特别庆典,教育的重要性,文学和科学,当代杰出的文学创作者,以及政治、社会和宗教的发展趋势都可以(在国家书目)反映出来。如同镜子能够反映每个人的独特之处,现有的国家书目应反映一个国家的特质和独特性。”①

三、《数字时代的国家书目:指南和新方向》②

《数字时代的国家书目:指南和新方向》重新审视和探讨新环境下的国家书目的使命。从国家书目的价值(从使用及用户角度出发)、选择原则、编目、功能和界面、国家书目的组织和管理、与出版商合作(元数据的整合与共享)各个方面给国家书目提出了新的建议。

国家书目服务被赋予了三个主要的传统目标。第一个目标是促进图书馆高效低成本的编目。第二个目标是为图书馆采选提供便利条件。第三个目标是推进文献提供的信息查找和检索。国家书目的现有用户和潜在用户主要包括以下几类③:

(1)终端用户群:从图书馆的读者到远程在线检索以发现和识别出版物的用户,该组的成员种类最多样化。正规或非正规的团体和公司都包括在此类中。国家书

---

①②③ IFLA国家书目指南工作组. 数字时代的国家书目:指南和新方向[EB/OL]. [2010-03-26]. http://www.ifla.org/files/bibliography/publications/national-bibliogratphies-digital-age-zh.pdf.

目是公众的重要信息资源，因为国家书目为其提供国家文化遗产的检索。

（2）图书馆：编目员需要国家书目进行套录以辅助编目工作；采选馆员需要利用国家书目订购出版物、识别出版社和发行商、确定出版状况；馆藏建设馆员需要利用国家书目分析可用的出版物，根据馆藏建设原则进行采选，并且了解未来的出版物；参考咨询馆员代表终端用户群；出于国家书目与法定（或自愿）呈缴之间的关系考虑，前者的数据可用于法定呈缴管理；保存保护馆员需要利用国家书目确定出版趋势，设定保存程序；国家书目为数字化管理提供资料总览。

（3）图书行业（包括其他媒介）：国家书目使出版者（商业与非商业部门，包括政府和官方出版者）能够对市场和竞争做出分析；书商（包括其他载体的销售者）的需求与馆藏建设馆员和采购馆员类似。此外，书商也可能扮演参考咨询馆员的角色，甚至指引消费者到图书馆查找绝版的出版物；无论对公司还是对团体来说，国家书目都是其扩充自己的书目数据的来源。

（4）机构：资助机构可利用国家书目评估现有资助的影响，或制定未来的资助策略；为国家书目机构提供资助的政府机构可以利用国家书目评估国家书目机构的工作情况；国家书目可以作为一国出版业官方统计的数据源。

（5）版权管理机构：国家书目数据可用于文献收藏单位的知识产权管理，以及政府机关对借阅权报酬的管理。

（6）软件（分布式检索和收割工具）：电子版的国家书目除了有“人类”用户，还有电脑软件直接检索其记录，如集成式/分布式检索和收割工具。这又会导致新的技术需求，在规划在线国家书目时必须将其考虑在内。

对于国家书目的选择原则，除了对传统出版形式，如普通图书、词典、百科全书、重要作品的各种版本、历史调查资料、书目、手册、连续出版物、政府和非政府文献等，即国家书目的一般选择标准外，也对电子资源，如网站（包括博客、集成性资源和其他不断出现的资源）、在线数据库、电子杂志、电子书、CD和DVD光盘[①]，从特殊方面、法定呈缴制度、版权、知识产权、地理边界等方面进行探讨。总之，没有哪个国家书目机构可以选择并收藏所有的东西，取舍是必需的。每一个国家书目机构都必须仔细研究自己的用户群体、法律要求、可获得性基础、技术构造/贮存能力。

在编目章节，为实施1998年在哥本哈根举行的国家书目服务国际会议（ICNBS）提出的编目建议提供实际指导；为纳入国家书目的电子资源编目提供最佳实践指

① IFLA国家书目指南工作组. 数字时代的国家书目：指南和新方向[EB/OL].[2010-03-26]. http://www.ifla.org/files/bibliography/publications/national-bibliogratphies-digital-age-zh.pdf.

导。明确国家书目机构的责任是承担提供大量国内出版商出版的书目记录的责任；采用国家/国际编目标准和原则；采用识别系统，如国际标准书号（ISBN）和国际标准连续出版物编号（ISSN）；采用国家/国际标准/原则实现文字转换、规范控制、分类法、元数据和数字对象的永久命名①。

给出了国家书目的出版与发布模式②：

（1）纸张：纸张仍然被广泛地应用于国家书目的印刷，并且仍然可以进行有效的传递服务。但是由于不断上涨的生产和传递的成本，使用纸张印刷极有可能在短期至中期的时间内是一种不经济的方法。

（2）只读光盘：一般来说，只读光盘与纸张是互补的关系，而非取代纸张。大多数用只读光盘发布国家书目的国家也提供了相应的在线数据，有些作为一个独立的数据库，有的作为国家图书馆目录的一部分。只读光盘从信息检索和分发机读数据的角度来讲优于其他一些传播媒介。但是及时性问题仍然没有解决，而且传播费用相对而言较高。只读光盘在 20 世纪 90 年代非常流行，但是现在正在被逐渐替代。与现在的 Web 界面的国家书目比起来，这种基于只读光盘的国家书目专用软件已经过时了。

（3）联机访问：万维网是一种较受欢迎的传播国家书目的方式。网络访问的方式可以使数据得到定期更新，而且能让使用者随时随地地访问。网页还有提供其他服务的潜力。比如说：RSS 订阅可以根据用户的个人资料对用户提供定制，或在版权规定允许的范围内获取电子资源的全文。收费的联机服务可能是一种网上书目赢利的模式。

---

①② IFLA 国家书目指南工作组. 数字时代的国家书目：指南和新方向[EB/OL]. [2010 - 03 - 26]. http://www.ifla.org/files/bibliography/publications/national-bibliogratphies-digital-age-zh.pdf.

第二章　国外国家书目的发展

第一节　国外国家书目的产生及建设

一、历史上的国外国家书目

历史上，早期的书目是图书出版社（印刷商）与图书购买者联系的纽带。15世纪60年代，当摇篮本图书出现题名和印刷日期时，由于社会的需要，德国出版商开始为书商和全德国图书贸易编撰书目；17世纪中期，法国书商圣-查尔斯（Louis de saint-Charles）通过增加评论性注释改进了德国书业书目的模式，该方法被安东尼奥（Nicolas Antonio）编撰的《西班牙书目》所效仿；1668年，英格兰创刊的《定期目录》是第一部定期发布成功的图书目录①。在其他领域也有书目的产生，如1548年约翰·贝尔斯编制了一部基督教书目。

从编制世界书目逐步向国家书目转化。16世纪瑞士书目学家格斯纳编撰的《世界书目》正式出版，该书是编撰世界书目的最早尝试。随着印刷事业的发展，出版物数量大幅增加，编制世界书目不是少数几个人可以办到的了，并成为一件非常困难的事情。因此在16世纪末，德国、英国和法国开始出现了国家书目，这一时期主要是由一家或几家出版社联合组织共同编辑出版国家书目。例如，1564年德国法兰克福和莱比锡年度图书展销会为配合展销编制了年度出版书目，并定期出版。1595年的《英国出版图书目录》是最早的真正的国家类型的出版目录，不同以往的是目录的编排按姓氏而非按题名排列。

进入19世纪后，为了保证国家书目的完整性，出版主体逐渐从出版商转变为接收呈缴本的国家图书馆或有关的书目机构②。随着出版量的大幅增加，一家或几家出版社联合组织、共同编辑出版国家书目的问题逐渐显现：出版社掌握的国家书目不完整，而国家图书馆接收呈缴本，在书目的完整性方面有天然的优势，接触实体资

---

① 彭斐章. 目录学教程[M]. 北京：高等教育出版社，2004：107-114.

② 许琬. 常用的几种国家书目[J]. 图书情报工作，1981(3)：35-37.

源使得对书目的描述更加客观，另外，图书馆揭示文献资源有详细格式和著录规则，数据揭示得详细、准确。因此，各国的国家图书馆开始承担国家书目的编制工作。

从学术的角度来说，书目属于目录学当中的列举目录学的范畴。长期以来，西方世界一直认为列举目录学（书目学）是分析目录学“继父与前妻所生的穷女儿”，列举目录学家也承认，其他目录学分支比该学科具有更为复杂的技术性。目前介绍世界各国的国家书目和贸易书目的著作主要有2部，一部是1986年贝尔（Barbara L. Bell）编撰的《现行国家书目解题指南》，另一部是1987年戈门（G. E. Gorman）与米尔斯（J. J. Mills）编撰的《第三世界现行国家书目指南》。但是许多学者认为：在一定意义上讲，列举目录学（书目学）一直是一门基础性学科，并将越来越获得广泛认可①。事实证明，书目控制在全世界的蓬勃发展和推进反而促使目录学焕发新的生机。

二、国外国家书目的早期建设

鉴于国家书目在国家文化建设中的重要意义，世界各国均予以了极大的关注。目前，全世界200多个国家和地区，已有90个国家拥有国家书目，其中较著名的国家书目建设情况如下：

1. 法国

法国是世界上最早的定期出版国家书目的国家。法国国家图书馆出版过3种类型的国家书目：一是由1811年创刊的《法国书目》和《世界法语出版物总目录》于1972年合并而来的《法国书目》，该书目包括分类、题名及著者目录，以周刊或半月刊的形式出版发行。除本刊外，还附有期刊、政府出版物、乐谱、地图等分册；二是法国的回溯性国家书目《法国书目》，该书目收录了1811年至1971年的法国出版物；三是自1900年起开始出版的《著者图书总目》，截至1981年已出版231卷，该书目收录法国国家图书馆的馆藏图书，全部款目按照著者的姓名字顺编排，1959年中断后又于1972年至1978年出版了《著者、合著者、匿名著者图书总目》（1960—1969），此后法国国家图书馆开始出版5年累积本《著者图书总目》补编以收录合著者和匿名著者的著作。

2. 日本

日本国立国会图书馆于1948年9月开始出版《纳本周报》，该刊报道的是日本国立国会图书馆根据呈缴制度于一周内收到的新书；内容分官方及民间出版物两部

① 彭斐章. 目录学教程［M］. 北京：高等教育出版社，2004：107－114.

分，前者按出版社排序，后者按日本十进制分类法排列。另外，该图书馆又出版了日本的国家书目《全日本出版物总目录》，每年出版1册，其本质是《纳本周报》年累计本，分为政府出版物及一般出版物两部分，收录范围包括图书、连续出版物、盲文资料、亚洲其他国家研究日本的资料等。政府出版物按行政区划的分级排序，民间出版物按日本十进分类法排列，书后附书名索引及统计数字。

另外该国于1946年出版《出版新闻》（旬刊），主要报道日本非官方出版物，并介绍日本出版界的动态、书刊评介和国外一些出版情况。1950年出版《出版新闻》累计本《出版年鉴》，由于《全日本出版物总目录》出版周期长，该书常被作为国家书目使用。

3. 德国

多年来德意志图书馆为德语文献创建了一个几乎完整的总书目体系，并开展了专科目录学领域的活动。这个书目系统包括：《乐谱书目》（1829年开始出版）、《德意志国家书目和德语国家出版物书目》（1931年开始出版）、《德语出版物的译著书目》（1954年开始出版）、《书目之书目》（1966年开始出版）、《版画和印画书目》（1967年开始出版）、《外国的德语书目》（1972年开始出版）[①]。东德、西德合并后第2年，国家书目编制工作由法兰克福图书馆接手，由其统一出版联邦德国国家书目。

4. 英国

英国早期的《英国国家书目》（1950年）由英国国家书目有限公司出版，该出版社服务系统完备，书目已从书本、缩微胶卷发展到CD-ROM形态[②]。不列颠图书馆成立后，公司更名为不列颠图书馆书目服务部，后于1989年成立英国国家书目文献服务中心（BNBS），提供国内外用户书目信息服务。《英国国家书目》正文是按照《杜威十进制分类》编撰的主题目录，附录有按字顺编排的著者、题名和主题索引，它按月出版，并有季度、年度和5年累计本。

另外，不列颠图书馆曾于1979年至1987年出版了350卷《英国图书馆印本图书总目》，该目录收录了1975年后采购编目的所有图书，配有3个附录和2个单行本索引。值得一提的是，由怀塔克（Joseph Whitaker）出版发行《英国在版图书》于1874年创刊，原名《现行文献参考目录》，自1965年以后改用现名，该刊比《英国国家书目》更为著名。

---

① 黄慎玮. 德意志民主共和国的书目工作[J]. 图书馆杂志，1984（1）：73－74.

② 白晓煌. 20世纪的伟大文化成就——不列颠图书馆[J]. 图书馆理论与实践，1994（3）：60－61.

5. 加拿大

加拿大国立图书馆自 1953 年建馆就开始每月公布印刷版的《加拿大国家书目》,2004 年改由加拿大图书档案馆负责(加拿大国家图书馆和加拿大图书档案馆 2 个机构合并)。《加拿大国家书目》收录范围广泛。在国家的回溯性书目建设过程中,也以缩微品形式构建书目,保存了该国 900 多年前稀有的珍贵文献。

6. 美国

在尚未出版国家书目之前,由威尔逊公司出版的《累计书籍索引》作为美国国家书目的替代品。该书目开始于 1898 年(1929 年更名,之前为《美国在版图书目录》),不仅收录美国图书,还收录全球出版的英文书,是一部世界英语书目。在编撰形式上采用累积方式,并用字典式排列法将著者、书名和主题混合排列。

美国没有呈缴本法案,也没有正式的国家书目,美国国会图书馆编撰的《全国联合目录》,有 1790 年的著作权登记制度作支持,其收藏包括国会图书馆在内的北美 1100 个图书馆的藏书,收录全面、著录完备,在一定程度上起着国家书目的作用。《全国联合目录》主要按著者字顺编排,1955 年后出版了若干主题目录,如《国会图书馆图书主题目录》(1950 年至 1974 年间每 5 年累积出版一次)、《美国国会图书馆主题目录》(1975 年至 1982 年)。

一些个人还进行了回溯性国家书目的建设。第一部是埃文斯(Charles Evans)、希普顿(Cliford Kenyon Shipton)、布里斯托(Poger P. Bristol)编的《美国书目》,收录 1639 年至 1800 年的美国的出版物,该书目收录了美国最早期的出版物,包括图书、小册子和期刊,并按时间顺序编排,附有著者、分类主题和出版商索引。第二部是肖(Shaw)和肖美克(Richard H. Shoemaker)等人编《美国书目:选购书目初编》,收录 1800 年至 1839 年的美国出版物,它是《美国书目》的续编,但编目不精、颇有舛误。肖美克逝世前只完成了 1829 年前的工作,其后其他目录学家完成了收录 1830 年至 1839 年美国出版物的多部《美国选购书目》。第三部是凯利(James Kelly)编《美国目录》,收录 1861 年至 1871 年的美国出版物,共 2 卷。

第二节　国外国家书目发展

随着数字时代的来临和蓬勃发展,国家书目已由传统的对纸本型出版物或实体出版物的单一书目揭示拓展到涵盖多种文献类型、多种载体形式、多种语言文种的集书目、书影、目次和全文信息等的立体化展示,其服务对象也由图书馆扩展为图书馆、出版社、书商、政府机构和个人读者①。国家书目信息数量、类型的增长和服务形式的改变、新需求对国家书目的建设提出了更高的要求。为了促进国家书目的进一步发展,近些年来,国外相关国家和国际组织、机构开展了积极的尝试、推进、改革和发展,取得了实质性进展和瞩目的成绩,以下为国外国家书目发展情况概述。

一、UBC与UAP的提出和实施促使国家书目发展进入新阶段

1. UBC与UAP将书目控制向全球化扩展标志着国家书目的发展进入新阶段

20世纪60年代末开始,世界出版物数量激增、类型繁多、语种多样、分散重复,随着全世界更广泛、深入地关联,想要迅速、广泛地找到各国具有参考价值的文献非常困难,需要建立一种有序的、全世界范围的文献书目的利用机制,通过这种机制方便了解、利用各国的出版物。随着书目控制理论与技术在图书馆界的热烈探讨,以及60年代计算机和其他现代化技术在图书馆的成功应用,对世界出版物进行书目控制和利用成为历史的必然,书目控制向全球化扩展使得国家书目的发展进入一个新阶段。

UBC与UAP的提出。1971年,IFLA主席赫尔曼·利亚贝尔斯在利物浦国际图联会议的开幕词中第一次提出了UBC这一新的概念和有关UBC计划的一些建议。同年,费兰兹·乔治·卡尔特韦塞博士在UNESCO的《UNESCO图书馆公报》中第一次阐述了UBC这一全球性计划。两年后,IFLA在格里卢堡召开了以UBC为主题的年会,专门探讨了UBC这一全球性计划的具体问题。到1974年9月召开的著名国家情报系统会议时,UBC计划获得了世界上许多国际组织的赞同。获得信息并不等于可以利用文献,于是在1978年IFLA又提出UAP(Universal Availability of Publications,简称UBC)这一全球性计划。

UBC和UAP是两项互相联系、互相依赖的全球性计划。UBC设想建立一个由各个国家组成的网络系统,这个网络系统有明确的目标和一系列原则,从而使各国能普遍接受、实施,从而迅速地得到世界各国出版的所有出版物的书目信息。但是,获得信息并不等于就可以利用文献,为此又进一步提出了UAP计划。UAP设想建立一种世界范围的文献利用体制,任何用户在通过UBC获得世界书目信息以后,能够在任何时间、空间迅速地得到所需要的在任何时间、空间已出版的文献资料。因此,UBC和UAP是实现资源共享的两个步骤。

① 廖永霞.数字时代中国国家书目的探索与实践[J].国家图书馆学刊,2012(5):102-107.

2. 国际组织助推 UBC 和 UAP 取得实质性进展

自相关计划提出后，IFLA、UNESCO、ISO 等国际组织就实施 UBC 和 UAP 做了大量的工作并取得了实质性进展，夯实了实现“建设和利用世界书目”计划的基石。各国文献数量庞大、语种不同、种类多样，加之编目体系各异，要实现 UBC 和 UAP 必须解决文献的大批量的鉴别、加工、存储和检索的速度问题和文献输入、存储、输出过程的变异控制问题，即需要解决书目工作的标准和自动化的问题，具体所做的有影响力的工作包括以下几方面：

制定和推行《国际标准书目著录》体系。统一编目规则是实现 UBC 的首要条件，IFLA 自 1974 年推出《国际标准书目著录》以来，相继公布著录总则以及连续出版物、非书资料、古籍、地图乐谱、论文等著录标准，由于它使各国的文献著录项目及其排列顺序具有互换性，方便通过标识符号系统识别各国文字，有助于将一般书目转换为机读目录形式等，普遍为世界各国所接受。

国际标准化组织第 46 技术委员会（ISO/TC46）陆续通过了一系列关于书目工作的国际标准。如《文献工作——国际标准图书编号》（International Standard Book Number，简称 ISBN）、《文献工作——国际标准连续出版物编号》（International Standard Serials Number，简称 ISSN）、《文献工作——磁带上文献目录信息互换形式》等。

促进个人姓名、团体著者和统一书名等标目形式的标准化。此项工作主要对文献中的个人、机关团体名称及书名进行规范，编制各种规范文档。目前已出版有《各国姓名标目著录》《欧洲国家高级立法与政府部门统一名称表》《各国国名：用于编目款目的语言形式标准表》等。

机读目录格式推动书目工作自动化。1973 年 IFLA 提出了 MARC 为核心的 UBC 运动，1977 年制定的《国际通用机读目录格式》（Universal MARC Format，简称 UNIMARC）使图书馆目录和国家书目在结构上有了统一的国际标准，也使任何一国的国家书目和各国之间都可进行自动化机器交换。

与出版机构合作发展本国在版图书编目（简称 CIP）。IFLA 与 UNESCO 于 1982 年在渥太华举行国际在版编目大会，讨论解决各国 CIP 著录项目不同的问题，建议采用标准格式，并于 1986 年推出了《在版编目准则》和《在版编目推荐标准：在版编目数据表和图书在版编目记录》。这是缩短国家书目出版周期，使新出版物的书目记录能及时为读者、图书馆采购人员利用的有效手段①。

---

① 程焕文. 世界书目控制：现状、趋势和策略［J］. 中山大学学报（哲学社会科学版），1990（2）：111－118.

3. NBC与UBC配合促使国家书目大力发展

随着UBC的提出,各国又迅速地提出了国家书目控制。1977年UNESCO主持召开国家书目会议,该会议接受UBC的思想,并强调加强NBC是实现UBC的先决条件,最后肯定国家书目对实现NBC的重要意义。国家书目成了UBC和NBC的中心,这是对1950年UNESCO主持召开的书目服务改进会议精神的重大发展①。至此,国家书目开始大力发展,除推动了书目中心和国家书目标准化的发展,也促进了世界各国建设自己的国家书目。

二、数字时代背景下国家书目的数字化、网络化发展

1. 国家书目在数字时代背景下面临着迁移和转型

计算机技术和网络技术的迅猛发展促使传统图书馆与数字图书馆融合发展,国家书目在数字时代下也面临着迁移和转型。早期国家书目的建设、输出形式主要是印刷本,随着出版量激增和对国外资源利用需求的增高,纸本国家书目已不能适应新环境和新需求,表现在:一是纸本书目体积庞大不利于使用;二是及时性增加的要求使频繁出版纸本书目花费大量的人力财力,造成浪费;三是纸本书目不便于利用和提供服务,跨国使用成本高。

2. 在内、外条件的促使下国家书目开始了数字化和网络化发展

数字化和网络化可大大提升国家书目的发布频率并降低成本,书目数据只要完成修改、新增工作即可通过网络或低成本的光盘等载体发布;数字化和网络化的国家书目系统可以提升国家书目服务能力,拓展其服务范围,丰富其服务手段,为用户的使用提供了很大的方便;尤其对国外用户来说,大幅降低了利用各国国家书目资源的难度和成本。书目数据一直以来在图书馆发挥着不容忽视的基础性和纽带性作用;计算机和信息处理技术在图书馆的应用起源于MARC的诞生,网络技术在图书馆的推广也最早应用于联机联合编目。这些前期的工作降低了国家书目数字化和网络化的门槛,数字化的书目数据基础与计算机、网络等相关技术的融合有力地助推了图书馆国家书目的数字化和网络化转型,各国也纷纷开展了相关的迁移及开发工作:

法国国家图书馆于1973年开始采用机械化编撰工作,到目前国家书目主要采用网站形式发布,每种文献类型以一定的时间段为单位进行集合,并对集合中的每种文献再进行分类。例如视听资料下分为录音、电子文档、动画影片等4类;同时提供

---

① 黄俊贵.书目控制论的思辨:从世界到中国[J].中国图书馆学报,1995(5):56-63.

和该类文献密切相关的索引(例如作者、表演者、翻译者、主题、区域等)以便检索。法国国家图书馆在其网站上提供对总目中的图书、连续出版物、视听资料、乐谱、地图等资源的检索,检索类型分为索引、主题和 Google 辅助搜索 3 种①。

2010 年德国国家图书馆废止了国家书目的印刷本,以网络期刊形式发布。主要针对不同类型的出版物设定了不同的出版周期,如正式出版的图书、期刊、录音磁带、视听媒体为周刊及月刊,地图目录为季刊,音乐录音媒体索引为月刊,各类书目总索引为年刊。所有的书目著录包含联机目录里对应记录的超链接,这些超链接不仅提供在线著录书目的访问,也提供增值服务,例如目次、摘要、封面或者全文的访问。同时,它也提供在线检索,主要包括“所有数据库”“音乐资料库”和“回溯数据库”为范围的 3 种分类检索。另外,德国国家书目还能够以 PDF 格式的电子期刊形式免费进行传送与获取。只有在获取特殊规定或选择服务的数据时才需付费。

不列颠图书馆于 1971 年实现编撰工作机械化并发行马克尔磁带,1972 年开始采用《国际标准书目著录》进行编目,1989 年起同时发行印刷版、缩微版、磁带版和光盘版。之后,不列颠图书馆网站提供对英国国家书目的在线检索,包括基本检索、高级检索、分类检索和基于检索的检索。基本检索以 ISBN、ISSN、出版者、责任者等 10 项条件中的 1 项进行关键词查询;高级检索则将检索条件扩充为 3 项,并允许用户限制语言、年份和书目所针对的文献类型;分类检索类似德国国家书目提供的检索方式,根据用户检索行为和感兴趣的内容从书目中抽取数据聚类成 17 类不同的组合,组合之间相互独立,并不是按照同一种聚类标准进行划分,比如“人类社会学”与“亚非和太平洋地区收藏品”,前者划分标准是学科门类,后者划分标准是资源地理区域;基于索引的检索执行情况则依赖于对整个书目编制的索引优劣,提供了责任者、题名、丛书名、主题词、出版地、杜威分类法等索引条件。

加拿大图书档案馆构建了以网络为基础的书目系统,以周期发行和在线检索的方式提供服务,以英语和法语 2 种官方语言形式呈现,随后停止了印刷本、缩微胶片和 CD 形式。另外,该馆有一个将海量馆藏数字化的计划,数字化后的书目可以在原书目记录下增添数字化表现形式。加拿大呈缴制度自 2007 年开始涵盖电子出版物以来,研究出一种叫 Heretrix 的网络爬虫对国内政府网站进行网页收割,此举被认为是国家书目编制过程中,对数字出版物尝试进行自动化编制的一个成功案例。

日本国家书目的发布形式为 DVD 和 Web 版,分为回溯版和现代版。回溯版本从 1997 年至今,一年更新 6 次,为 CD 格式;现代版为 DVD 和 Web 版,1 年更新 1 次。

---

① 王艳萍,杨熙. 数字时代的中国国家书目建设探析[J]. 情报探索,2012(6):12 – 15.

三、国家书目的 FRBR 化和关联化发展

1. 国家书目 FRBR 化发挥和提升国家书目价值

书目的内容和质量一定程度上决定了数字图书馆服务业态下传统资源与数字资源的整合效率和服务效益。长久以来，无论是纸质书目还是电子机读目录，图书馆过于重视书目的形式和精确性，费心于各种细枝末节，其本质还是停留在围绕文献外部特征进行整体内容揭示，采用一维线性方式加以组织，较少考虑书目的功能和内涵，常常忽视用户对文献内容揭示的真正需求和爱好①②。在现有自动化系统和数字化环境的大框架下，想要实现数字图书馆的多功能、多角度、友好性的需求，前提条件是改变书目的结构和组织形式，充分整合各类型信息资源，提供基于全媒体的信息与知识服务，从而使图书馆能够更好地适应社会发展和技术进步。

FRBR 化迎合了当下书目资源组织的需要，发挥并提升了国家书目价值。在书目资源的内容、形式和载体等日趋多元化的今天，书目记录不仅要揭示资源，更要考虑如何描述书目之间的关系，从而寻找到一种更易于用户浏览、查找和利用资源的方式③。而 FRBR 为书目资源的描述、定位、关系揭示提供了完整的参考框架：FRBR 首先定义了自身的描述模型，即用实体、属性和关系这 3 个元素描述现实中的书目世界，其次 FRBR 提炼了书目世界的结构（即作品、内容表达、载体表现和单件及其相关属性和关系），并结合 FRAD（名称规范）、FRASD（主题规范）来揭示书目内容、书目之间联系和关系，以及体现书目的内涵和功能，从而准确地揭示和描述书目数据，客观地反应出呈网状的真实的书目世界，最终以易于查找和浏览的聚合方式来提供图书馆全媒体的信息与知识服务。

2. 国家书目的语义化、开放化和关联化发展

图书馆国家书目现有的 MARC 格式、交换协议和服务提供框架等架构使国家书目封闭在图书馆内，限制了国家书目的开放、交换和使用。随着技术的发展和信息环境的改变，用户利用资源的对象和方式发生巨大变化，再加上互联网丰富的资源，对国家书目的发展、作用、服务带来了挑战。书目数据的承载格式 MARC 的种种局限，如揭示粒度粗、无语义、封闭性和可扩展性差等，在网络时代越来越成为绊脚石，另外由于 Z39.50 接口和 ISO 2709 被应用于互操作，国家书目的数据被牢牢圈养在

---

① 欣苗. 书目数据著录书评的探讨[J]. 图书馆论坛，2009(2)：98－101.

② 常娥. 图书馆书目数据组织模式发展研究[J]. 图书馆论坛，2014(12)：14－19.

③ 朱青青. FRBR 化的应用现状及编目环节的应对策略[J]. 图书馆杂志，2016(2)：46－55.

各个图书馆 OPAC 范围内。

发布开放关联数据可弥补现行国家书目数据运行机制的封闭性、无语义、粗粒度、关系揭示少和扩展性差的不足，打破书目数据维护与利用的困境。开放关联数据充分考虑与过去 MARC 的兼容，保证国家书目数据的语义内容能够迁移到新的系统中，一方面将国家书目开放，使网络用户可以检索和利用，另一方面也为未来的 UBC 探索了可行的技术方案。随着 Linked Data、BIBFRAME、Schema. org 等的推行，书目数据的开放关联必然成为一个重要的发展走势。

面对挑战，诸多国家都开始行动，瑞典、匈牙利、英国、德国、西班牙、法国、日本和韩国等国的国家图书馆相继将国家书目发布为关联数据，供广大的互联网用户利用，使得国家书目的服务突破了图书馆的围墙，由封闭数据变为开放数据，借助互联网提供给更多的用户使用，更大范围地发挥国家书目数据的价值①。2008 年瑞典国家图书馆首次将书目数据发布为关联数据，是世界上第一个被整体发布为关联数据的联合目录；2010 年 W3C 成立图书馆关联数据孵化小组推动关联数据在图书馆领域的发展；2009 年美国国会图书馆开始尝试将国会图书馆主题词表发布为关联数据②；自 2010 年后书目数据的关联化数据发布达到了高潮③。

关联数据是一种在互联网上发布和连接数据的技术框架，通过建立数据的标识符以及数据之间的关系，实现数据在网络平台上的分享与重用④。将国家书目发布为开放关联数据要经过语义化、开放化和关联化的过程：语义化就是将国家书目数据的 MARC 格式转换为 RDF 表达形式，即使用“主体—谓词—客体”三元组（Triple）对书目数据中各项内容进行结构化描述，使用 RDF Schema 可自动定向获取资源和相关信息，从而实现机器可理解和处理；开放化通过 URI 表示和 HTTP URI 访问实现书目数据的参引（Dereference），以确保图书馆高质量的书目数据被外部检索使用；关联化通过语义词汇将不同数据集合（国家书目、名称规范、主题词表和分类法）以各种关系形式连接起来，便于从一个数据集跳转到另一个数据集，从而使书目数据能极大程度上被发现和使用、为用户提供服务，也能扩大和完善本地书目数据。

---

① 毛雅君. 中国国家书目工作回顾及思考［J］. 图书馆学研究，2017（14）：45 – 49.

② 吴贝贝，夏翠娟. 关联书目数据模型比较研究［J］. 图书馆杂志，2015（5）：71 – 79.

③ 邹美辰，胡瀛. 欧美国家图书馆书目数据关联化案例研究［J］. 图书馆理论与实践，2016（11）：61 – 70.

④ 刘炜. 关联数据：概念、技术及应用展望［J］. 大学图书馆学报，2011（2）：5 – 12.

第三节 国外国家书目发展特点

在对国外国家书目早期建设、后期发展和服务提供情况进行梳理的过程中，得出国外国家书目的发展呈现出以下一些特点：

一、国家书目编制工作由呈缴本制度作保证的国家图书馆承担

20世纪70年代IFLA要求每个国家图书馆或国家书目机构将本国的所有出版物统一编撰成国家书目。至此孤立的出版国家书目的年代结束，建立在呈缴本制度上的图书馆馆藏目录开始发挥国家书目的控制职能。国家书目源自于图书出版商，但主要由各国国家图书馆或有关的书目机构建设和推进，相应的书目编制的数据来源经历了从书商目录到依托呈缴制度的图书馆馆藏目录的转变。

出版商提供的书业目录虽然在及时性和收录范围方面优于国家书目，但只可作为参考而不能取代国家书目①。以呈缴本为基础的国家书目一是能保证书目所收录的文献能为读者检索到，有可获取性；二是实物文献的存在保证了编制国家书目的准确性和可靠性；三是随着计算机、网络技术的发展，图书馆建立了联合编目系统，大大扩展了国家书目的数据来源，弥补了图书馆藏书在收录范围方面的缺陷。

但在没有官方书目存在的国家，普通“贸易书目”可以作为国家书目，例如美国没有呈缴本法案，也没有正式的国家书目，美国国会图书馆编撰的《全国联合目录》，以1790年的著作权登记制度作为支持，其收藏包括国会图书馆在内的北美1100个图书馆的藏书，其收录全面、著录完备，在一定程度上起着国家书目的作用。可以说，除了美国的情况特殊外，世界各国几乎都由其国家图书馆编辑国家书目，或相当于国家书目的书目。

二、国家书目收录范围和纳入类型越来越多样化和齐全

国家政策、科技、语言及编制者等因素影响国家书目的收录范围、类型和水平。政策的不同、编制者的认识会影响书目的质量和水平，科技水平和语言范围会增加或改变书目的收录范围和类型，各国国家书目发展至今基本都经历如下的变化：

---

① 王艺.论国家书目与国家书目控制及世界书目控制的关系[J].山东图书馆寄刊，1991(1):8-11.

各国国家书目的收录范围随着载体形态的变化而改变,其收录的资源载体范围越来越多样化。近百年来科技水平日新月异,尤其是信息技术的革命致使信息载体发生变化和迁移,出版形式随之发展,各国对国家书目的收录范围不断延伸和扩充,目前大多数国家书目都涵盖了印刷型出版物、音像制品、电子出版物、数字出版物和网络资源。

早期国家书目收录的资源类型有限,集中在普通图书和连续出版物,随着出版物类型的增加,各国国家书目的收录范围扩充到少数民族语言图书、地图、乐谱、盲文读物、学位论文、非正式出版物等,使得国家书目收录的出版物类型越来越齐全。

"领土—语言"原则外延在逐渐扩充。有些国家书目的"领土"是产生于本国领土的文献,而有些在此基础之上增加本国国籍公民出版的文献。"语言"的扩充从国内出版的本国语言文献,到国内、外出版的本国语言文献,再到国内外出版的讲述、谈及本国的文献。

三、国家书目编排体例更加详细、规范和统一

编排体例包括文献编排和文献著录两个方面,早期的国家书目发展主要停留在文献编排方面,各国文献著录没有国际通用标准;后来随着 UBC 及 UAP 的推进,文献著录取得了实质性进展,各国统一实施。

编排体例方面,各国国家书目一般采用分类编排和主题编排 2 种基本方式。如《英国国家书目》《巴西国家图书出版书目》《南非国家书目》使用杜威十进分类法,《比利时书目》按照国际十进分类法编排;《奥地利书目》首先分 13 个主题,每个主题下再按照作者字母顺序排列。

文献著录方面,各国规则逐步向国际标准化靠拢,以达到最终的世界文献著录统一的目标;由一个国家的集中编目转变为几个国家的合作编目;由图书发行后编目转变为在版编目,由一种文献著录标准化转变为各种文献著录标准化;由一种目录载体的标准化转变为各种目录载体的标准化。国家书目机构应按照国际编目规则或通行的国际标准,特别是 ISBD 的各种标准,对本国的出版物进行全面的详尽的著录。

四、数据发布低成本迁移,出版周期缩短

国家书目的发布方式经历了从纸本书目到网络平台发布的转变。早期,国家书目要根据各国出版物数量、编目机构的负担能力(人工工作能力及经费情况)来决定发布周期,因此各个国家出版周期不一。出版量大、经费较充足的国家出版周刊或

月刊，如《英国国家书目》分别按周、季、年、5 年的周期出版，出版量小的国家周期则比较长，像《阿根廷书目公报》10 年或更长时间出版 1 次，仅把它作为历史记录①。

在调研的 12 家国家书目机构中，目前仍保留印刷型出版的仅有印度、英国和瑞士 3 家书目机构，其余的国家书目都通过光盘（CD\VCD\DVD）或网络版发布。尤其是网络版发布周期不用再考虑出版量、人力和经费因素，主要从数据增、删、改的数量来考虑，更新频率从日更新转变为周更新、月更新、年更新不等。

五、国家书目提供的服务越来越多样化

早期国家书目主要为书本形式，限制了提供服务的方式。随着国家书目的网络化和数字化，直接使用联合编目系统作为发布平台或开发相关的系统，这相应地开拓了书目的服务范围，服务方式也越来越多样化：除了常规提供书目的检索、下载，各国还根据用户的需求提供诸如目次、摘要或全文的链接访问，包括基本检索、高级检索、组合检索和基于索引的智能检索等多种检索方式，以及定期的新书推介服务、出版主题目录等，美国、加拿大和瑞士还提供多语种的书目服务。

对于一般需求，国家书目的服务模式均是在网上免费发布，提供给读者检索或下载服务；对于特殊和复杂需求，有些国家书目提供收费产品，如法国国家图书馆正在出版书目记录集作为书目产品，包括图书国家书目、连续出版物国家书目、音像制品国家书目、乐谱国家书目、地图国家书目，用户需进行预订。这些书目产品对于公司是收费的，但免费提供给图书馆。

① 王艺. NBC 的基础与国家书目的未来[J]. 图书馆工作与研究，1991(2)：57 – 59.

第三章　我国国家书目的发展

第一节　历史上的中国国家书目

我国历史文化悠久，典籍丰富。自汉代以来就有着国家编制书目的传统。各朝官修书目、艺文志反映了我国古代的图书概貌。公元前26年，刘向、刘歆等人接受汉王室的委派，搜求遗书，进行校勘整理，编成《别录》《七略》，这是我国首次出现国家（宫廷）藏书目录，具有国家书目之雏形。历史上最早有计划、有组织的书目工作可追溯至汉代班固撰的《汉书·艺文志》，它以刘向、刘歆的《别录》《七略》为蓝本，将其摘要补充，反映了一个历史时期的所有文献，是一部具有国家书目雏形的综合目录，也是世界现存距今最早具有国家书目性质的文献。

自汉代以后，各朝代修撰正史几乎都仿照《汉书·艺文志》的先例，搜集"天下遗文秘籍"编纂以"艺文志"或"经籍志"命名的国家书目。诸如，唐朝魏征等撰《隋书·经籍志》、后晋刘昫等撰《唐书·经籍志》、宋朝欧阳修等撰《新唐书·艺文志》、清朝黄虞稷纂《明史·艺文志》①。在中国历代正史编制总书目的同时，历代史学家、目录学家、藏书家都十分注意利用书目去管理文献、传播文献、指导阅读，他们或接受王室委派，或自行编纂，亦产生了许多记载某一历史时期所有文献的国家总书目②。其中有魏晋时期郑默的《中经》、晋朝荀勖的《中经新簿》、东晋李充的《晋元帝四部书目》、南北朝王俭的《宋元徽四年四部书目录》、隋朝牛弘等的《开皇四年四部目录》、唐朝毋煚等的《古今书录》、宋代王尧臣等的《崇文书目》、南宋初期陈骙编撰的《中兴馆阁书目》、南宋张攀等编《中兴馆阁续书目》、明朝杨士奇等的《文渊阁书目》、明朝孙能传等编撰的《内阁藏书目录》等，及至清代纪昀等编纂的《四库全书总目》，可谓达到了中国古代官修书目的巅峰。

古代国家书目有以下几个特点③：

（1）重视分类目录的编制与使用。各朝代国家书目都属于分类目录，《七略》是

---

① 田文清. 国家书目沿革与现状分析[J]. 图书馆界，1995(1)：32－35.

②③ 黄俊贵. 中国国家书目工作的回顾与展望[J]. 图书馆理论与实践，1986(1)：3－8.

中国第一部图书分类法，六略三十八类五百九十六家一万三千二百六十九卷图书，六略即六艺略、诸子略、诗赋略、兵书略、术数略、方技略，称六分法。《别录》《七略》奠定了我国目录学的基础。后来魏征等撰修《隋书·经籍志》时首次以经、史、子、集四部命名分类，正式确立了四分法在古代目录学中的地位。四分法在我国延续使用了千年，直至目前，全国大多数图书馆和出版单位的古籍分类还仍采用此分类法。因此，中国各类型目录体系以分类目录为主导。

（2）着重于揭示文献内容。古代国家书目本着"辨章学术，考镜源流"的目的，不满足于文献外表特征的描述，着重揭示其内在学科内容及学术价值。

（3）在著录项目中强调题名对识别文献的作用。不论官修还是个人所编的书目均是以题名作为识别文献的起点。因题名常兼有揭示内容和表述著者的作用，所以目录均确保题名的完整和准确。

（4）回溯性的收录，书本式的载体。古代国家书目收录范围以一个历史时期的全部文献为对象，其中有的跨几个朝代，有的只著录一代人的著作。这些书目内容精博、编辑审慎，是研究中国历史的重要工具书。这些书目采用书本载体形式，既有单行本，也有丛书本。

1916 年 4 月 10 日，北洋政府教育部饬令第 128 号——"饬知京师图书馆、政事堂承准内务部立案之出版图书分送京师图书馆收藏"，北洋政府批复同意了教育部"以后全国出版图书依据出版法报部立案者，均令以一部送交京师图书馆庋藏"的奏请，开启了呈缴制度。但由于民国时期政权交替频繁，国家书目的编纂未受重视，既没有一个国家书目的组织管理机构，也不能做到全面揭示出版状况。因西方文化不断输入，新知识、新著作、新型出版物日益增多，与此同时，中国封建藏书楼发生变革，各省立图书馆逐步开放，中国国家书目的职能也从"辨章学术，考镜源流"，向为读者报道文献、检索文献演化。在 1911—1937 年间，杨家骆主编的《图书年鉴》（1933 年出版），收录了 1912—1933 年间全国出版的图书；平心主编的《生活全国总书目》（1935 年出版），收入全国 1911—1935 年的出版物约 2 万种，分总类、哲学、社会科学、宗教、自然、自然科学、文艺、语文学、史地、技术知识 10 类，书末附全国儿童少年书目和主题索引、洲别国别索引、外国著者索引，每种索引前均有例言说明；生活书店 1933 年版的《全国出版物目录汇编》，收录书籍截止于 1932 年 10 月，分总类、社会科学、经济学、政治学、法律等类，附生活书店出版物目录；开明书店 1935 年版《全国出版物总目录》，采用杜威《十进分类法》，辅以王云五的《中外图书分类法》编排。此外，还有 1936 年出版的孙殿起编的《贩书偶记》，主要收录清代著作间及 1911—1935 年间的有关古代中国文化的著作，共约万余种，其特点在于，凡见于《四库全书总目》者概不收录。

中华人民共和国成立后，图书馆为1937年至1949年间的出版物制作回溯性书目，例如，四川省中心图书馆委员会编、1992年出版的《抗战时期出版图书目录》，本书目收录了1937年7月—1945年9月这一时期在国内出版的中文图书，分为：哲学、宗教、农业、工业、社会、政治、语言文字等17大类。自1985年开始，北京图书馆（今国家图书馆）陆续编印出版了《民国时期总书目》，这是一套联合目录，主要收录了国家图书馆、上海图书馆和重庆市图书馆收藏的中文图书，并补充了其他一些图书馆的藏书，基本上反映了1911—1949年期间出版中文图书的面貌。《民国时期总书目》主要根据《中国图书馆图书分类法》进行分类，再依据"出版年月""著者"和"书名"三个项目进行编排，各学科分卷后附有拼音字母为序的书名索引，以及书名首字笔画检索表。《民国时期总书目》的编纂始自1961年，经过20余年的工作，共计分17卷21册陆续出版，为民国时期的书目存录、学术研究和文献保护提供了便利。

第二节 发展现状

中华人民共和国成立后，国家十分重视出版物的统计、登记工作，同时，我国呈缴本制度的制定与实施使我国国家书目登记工作得到了迅速发展。1955年4月25日，文化部颁布《中华人民共和国文化部关于征集图书、杂志样本办法》，一年后，文化部修订全国报纸样本缴送办法。至此，北京图书馆（今国家图书馆）和文化部出版事业管理局图书馆（今中国版本图书馆）开始全面接收国内出版物的样本缴送。

一、《全国新书目》和《全国总书目》

中国版本图书馆是一家负责征集、管理、收藏中华人民共和国成立以来全国出版物的档案馆，它的前身为中央人民政府出版总署图书馆，成立于1950年7月1日，其任务是：负责保管中国出版物样本，以利于出版工作的调查研究和文化的传承。其成立伊始，立即向全国国营、公私合营、私营出版单位征集1949年10月1日后印行的初版、重版图书和期刊样本，并接收了原南京国立编译馆的全部藏书，这成为其最早的馆藏。1987年1月，中华人民共和国新闻出版署成立，中国版本图书馆为其直属事业单位。1995年10月，中国版本图书馆与新闻出版署信息中心合并，称新闻出版署信息中心（中国版本图书馆）。其主要职能是：征集、保管全国各级各类出版物样本，收集整理和开发利用图书、报刊、音像制品、电子出版物以及版权、发行等信息资源，建立新闻出版行业信息基地和网络，为领导机关、新闻出版行业和全社会服务。中国版本图书馆馆藏宏富，迄今为止，中国版本图书馆共收藏各类出版物版本410多万种，其中图书360多万种，期刊合订本29.4万本，报纸合订本7.3万本，音像制品、电子出版物20万种，老宣传画18万张。中国版本图书馆征集的出版物品种最多、版本最全、整体记录最完整，除了普通的图书、报纸、期刊、音像及电子出版物以外，还征集到了各种图片、卷轴、连环画、年历、挂历、明信片、碑帖、拓片、乐谱、歌片、地图、教学挂图、技术标准、盲人读物等。2010年5月，新闻出版总署根据我国文化事业大发展大繁荣以及新闻出版业改革创新、向新闻出版强国迈进的总体要求，调整了部分署直事业单位的机构和职能，恢复中国版本图书馆的建制，加挂新闻出版总署条码中心的牌子，首次将书号实名申领、条码制作、图书在版编目、馆藏样书编目和样书收藏管理等业务整合到中国版本图书馆，形成了一个从印前信息一直到样书管理的完整的工作链①。1950年起，中国版本图书馆开始编印《每周新书目》。同年8月，《每周新书目》更名为《全国新书目》。1953年1月，《全国新书目》由新华书店公开发行。1966年，《全国新书目》因"文革"爆发而停刊，直至1972年复刊。1956年3月起，中华人民共和国第一部年鉴性的图书编年总目《全国总书目》由新华书店总店编辑，收录了1949年10月1日至1954年12月国内出版的所有图书书目。自《全国总书目》1956年本起，由中国版本图书馆编。此后，除因"文革"中断编辑工作四年半外，一直以每年一本的频率编辑出版。从1981年6月出版的1977年本起，《全国总书目》由内部发行改为公开发行②。2004年以后，停出纸质版，改出光盘版，每年一张。在没有正式编辑出版国家书目之前，《全国新书目》和《全国总书目》在一定程度上发挥了国家书目的作用。

1970年，联合国教科文组织在通过的《关于图书馆统计国家标准化的建议》文件中，对各国国家图书馆编纂出版国家书目做出了要求。由于我国的《全国新书目》和《全国总书目》长期由出版部门编纂，从性质上始终未能演进到"国家书目"这一层次上。

二、《中国国家书目》

1985年起，北京图书馆（今国家图书馆）启动国家书目编纂工作，编纂出版了

① 中国版本图书馆[EB/OL].[2017-04-16].https://www.capub.cn/bgjs/index.shtml.

② 中国版本图书馆历史沿革[EB/OL].[2017-04-16].https://www.capub.cn/lsygdsj/index.shtml.

《中国国家书目》(1985),这是我国第一部正式以“国家书目”命名的书目,具有真正的国家书目的意义。自《中国国家书目》(1985)出版以后,还陆续出版了《中国国家书目》(1986)、《中国国家书目》(1987)、《中国国家书目》(1991)、《中国国家书目》(1992)、《中国国家书目》(1993)和《中国国家书目》(1994),集中揭示与报道了当时的出版情况,应该说《中国国家书目》编纂计划充分体现了先进文化思想与现代书目控制观念,产生了很好的社会效益,颇得国际瞩目。但由于种种原因,纸本《中国国家书目》的编纂工作难以为继。收录范围只限于中国内地的中文出版物和我国出版的各种外文文献,主要包括中文普通图书、少数民族语图书、连续出版物、博士论文、地图、乐谱、技术标准等。文献著录依据《国际标准书目著录》(ISBD)和《文献著录国家标准》(GB/T 3792)进行;文献标引按照《汉语主题词表》和《中国图书馆图书分类法》进行。分正文和索引两部分,索引包括题名和著者两种。

1988 年起,国家图书馆着手中国国家书目数据库的建设工作,1990 年正式向国内外发行中文图书机读目录。1995 年起国家图书馆协同国内机读目录编制力量较强、有一定书目数据库编制经验的图书馆开始研究编制光盘版本的回溯数据库,即国家图书馆、上海图书馆、广东中山图书馆、深圳图书馆四馆共同完成了 1949—1987 年中国国家书目回溯数据库的建设工作。1997 年 10 月,全国图书馆联合编目中心成立,联合全国图书馆共同搭建全国图书馆联合目录,联合目录在一定程度上发挥着国家书目的作用。2012 年国家图书馆启动了中国国家书目门户的建设,先期发布了 2011 年中国国家书目,选取 2011 年中国出版的图书、期刊、报纸、音像电子资源和非正式出版物中的博士论文书目,通过不断完善,将中国国家书目门户打造成我国出版物总目录,推动跨行业、跨系统、跨区域的网络合作,实现全社会的书目信息与资源共享。

2018 年 1 月 1 日起施行的《中华人民共和国公共图书馆法》是中国第一部图书馆专门法,其中第二十二条“国家设立国家图书馆,主要承担国家文献信息战略保存、国家书目和联合目录编制、为国家立法和决策服务、组织全国古籍保护、开展图书馆发展研究和国际交流、为其他图书馆提供业务指导和技术支持等职能。国家图书馆同时具有本法规定的公共图书馆的功能”和第二十六条“出版单位应当按照国家有关规定向国家图书馆和所在地省级公共图书馆交存正式出版物”,既明确了国家图书馆编制国家书目的职责,同时又给予将正式出版物向国家图书馆交存的制度以法律保障。国家图书馆将担负起自身职责,未来《中国国家书目》将会得到前所未有的发展,向世界展示和推广中国文化。

第四章　数字时代的中国国家书目建设

随着数字时代的来临和蓬勃发展，国家书目已由传统的对印刷型出版物或实体出版物的单一书目揭示拓展到涵盖多种文献类型、多种载体形式、多个语言文种的集书目、书影、目次和全文信息等的立体化展示，其服务对象也由图书馆扩展为图书馆、出版社、书商、政府机构和个人读者。应该说在传统图书馆和数字图书馆的融合发展过程中，书目发挥着其不容忽视的基础性作用和连接纽带作用，计算机和信息处理技术在图书馆的应用开始于机读目录的诞生，网络技术在图书馆的早期推广应用于联机联合编目，国家书目的质量一定程度上决定了数字图书馆服务业态下传统资源与数字资源的整合效率和服务效益，直接影响着用户的使用体验和数字图书馆的服务质量。环顾世界各国，大部分国家书目的数据来源都是该国的国家级联合编目系统，或在此基础上完善，或直接使用联合编目系统作为发布平台；国家书目的发布经历了从印刷型书目到光盘版再到网络平台发布的过渡。有鉴于此，本章将简要回顾全国图书馆联合编目中心成立20年来的发展轨迹，进而探讨中国国家书目的数字实践的缘起以及建设成果。

第一节　全国图书馆联合编目中心发展回顾

随着计算机与互联网技术的迅猛发展，文献编目从各馆手工操作、独立建设向着机读化、网络化、标准化、集成化建设的方向发展。中国国家书目也迎来了新的发展机遇。自1988年起，国家图书馆开始中国国家书目数据库的建库工作，先后编制了《中国国家书目1985—1987》，建设了“中国国家书目数据库(1988—1995)”[①]。1991年中国机读目录数据中心成立，开始正式发行机读版《中国国家书目》(CNMARC)。为完善中国国家书目数据库，实现中华人民共和国成立后全国所有正式出版的中文图书书目数据衔接，1995年北京图书馆(今国家图书馆)牵头，协同上

① 苑克俪.“中国国家书目回溯数据库(1949—1987)”之建立[J].北京图书馆馆刊，1998(1):104-111.

海图书馆、广东省立中山图书馆、深圳图书馆共同组成课题组，开始国家重点科技项目“中国国家书目回溯数据库（1949—1987）”的建设工作，于1998年8月完成。该数据库包含了1949—1987年国内正式出版的近40万种中文图书书目记录，与1990年正式发行的1988年以来出版的中国国家书目数据库共同组成了当时我国最完整的国家书目数据库。它的研制成功，为数字环境下中国国家书目中心的建设和服务打下了坚实的基础。

一、全国图书馆联合编目中心概述

编目工作从传统、手工、封闭的独立操作向着机读化、网络化、集成化、社会化的方向发展，推动着书目也从书本式、印刷式向计算机可自动存取形式转变，传统的编目工作从集中模式向联合模式转变，区域间的合作共享纷纷崛起。1997年10月，依托于北京图书馆（今国家图书馆）的全国图书馆联合编目中心应运而生，该机构是国内第一家全国性联合编目机构，中心本着为全社会文献信息机构服务的宗旨，切实履行公益性服务理念，通过统一规划、统一标准、逐步推进、合作建设、协调管理，采用中心—分中心—成员馆的组织架构，积极推动全国信息资源共建共享的进程，实现了联合编目事业的科学管理与可持续发展。

20余年来全国图书馆联合编目中心本着“资源共享、优势互补、互利互惠”的原则，将图书馆丰富的书目数据资源和人力资源整合起来，通过全国各级各类图书馆的携手合作、群策群力，尤其是分中心的大力支持，实现了书目资源的共建共享，产生了良好的社会效益。联合目录在一定程度上较好履行了国家书目的重要职能。截至2017年12月联合目录中外文数据量已达1430余万条，其中中文书目数据8 627 767条，包括图书、期刊、报纸、学位论文、音像资料、电子资源、缩微文献等，外文书目数据3 953 156条，涵盖英文、俄文、日文、德文、法文、韩文、阿拉伯文等80余个语种的文献，名称规范数据1 602 892条，主题规范数据120 815条。为了将全国图书馆联合编目中心打造成最完整、最优质的书目信息集散地，中心在开拓图书、期刊、音像资料、电子资源等文献类型的基础上，逐步开展特色文献资源的数据采集，包括少年儿童出版物、学位论文、海外中文图书等。截至目前取得书目上传资格的机构已近50家，联编中心的数据上传量也逐年提高。数字环境下，随着文献类型的不断拓展，信息资源的不断丰富，联合目录共建共享的广度和深度都将大幅度提升。

2011至2012年度，全国图书馆联合编目中心切实履行公益性服务的宗旨，不断深化业界服务内容，创新服务方式，提升服务水平，实现了对成员馆的免费数据服务，有效扩大了服务规模；实现了由单一的书目共享向共建文献资源联合馆藏体系的巨大转变，并取得突破性的进展；探索了与版本图书馆的资源共享模式，取得了阶段性成果。特别是中心面向全国各类成员馆免费开放书目数据后，2011年新增成员馆189家，全年用户下载数据量3 940 232条，较往年翻番。截至2017年12月，中心已发展成员馆2692家，成立了33个分中心，年下载数据量已突破1067万条，为构建全国文献资源保障体系打下了坚实的基础。

在标准规范建设和应用方面，中心从数据制作标准、上传数据流程、系统操作规则等层面进行了严格把关，多次组织修订讨论和业界交流，前期加强对上传数据编目员的培训和资质确认，后期联合各馆有资质的编目员共同监督数据库的质量。并通过多年的实践形成了良好的共建共享机制，保证了中心数据库的统一和质量控制，在2010年的联合编目新系统切换过程中确保了有序过渡。同时通过不断完善系统功能，在提供少数民族文献书目下载、异构系统的名称规范控制和实体馆藏信息的管理与服务方面取得丰硕成果。

在人才建设方面，除了定期组织上传资格培训（自2000年以来，全国已有约3000余名编目员取得中心的上传资格，组织各类培训60余次），为更好地将成员馆人力资源整合起来，中心从2011年开始还通过各馆推荐、集中培训和考核的方式，正式聘请了35名全国骨干上传馆的资深编目员担任中心的质量监控员，由中心统一管理，在统一平台参与中心数据库的日常维护。自2011年6月启动以来，通过定期发送待审清单的模式，质量监控员每年完成审校数据量4万—6万余条。中心总审校和质量监控员之间实时的远程指导和双向反馈，既培养了编目队伍，又提升了数据质量，起到了事半功倍的效果。联合编目中心真正实现了从书目数据共建共享延展到人力资源的共建共享，联合各骨干上传馆共同监控数据质量。

二、联合目录平台的功能与作为

国家数字图书馆工程全国联合编目子项目于2005年启动，目的是借助联编系统的优势，进一步推动网络环境下全国图书馆联合编目工作的开展，真正实现全国范围联合目录的建立，进而拓展信息资源共建共享领域的全方位服务，为数字图书馆的建设打下坚实的基础。该项目于2010年7月完成基本开发，同年10月试运行，2011年1月1日正式面向成员馆、数据用户和普通读者提供服务。Aleph联合编目系统（以下简称UCS系统）是以色列艾利贝斯公司基于Aleph图书馆自动化系统，根据全国图书馆联合编目中心的需求，设计和开发的新一代联合编目系统。它实现了图书馆集成管理系统、联合编目系统和联合目录系统的无缝集成。不仅可以应用于全国图书馆联合编目中心，同时也可作为区域性图书馆联盟的基础业务平台，实现区域图书馆联盟成员的图书馆业务集成管理、联合编目、联合目录以及馆际互借等一体化建设。UCS 系统提供了完备的系统作业平台，为国家图书馆、省级图书馆成员、其他图书馆成员、普通数据用户成员，包括 Aleph 用户和非 Aleph 用户，分别提供了合适的工作入口和界面，以实现功能、数据、流程的集成和最佳工作效率。同时也为普通读者提供了以用户体验为中心的全面 Web 2.0 服务。

新系统上线为联合编目事业迎来了新的发展机遇。借助该平台，中心不仅实现了日常的上传、下载流程的多角色多层级控制，而且开始全方位管理成员馆馆藏，并建立全国范围的联合目录，使联合编目不仅服务于图书馆的采编工作，进而延展服务于图书馆的读者服务工作。2010 至 2011 年先后两次面向分中心和骨干成员馆下发馆藏征集函，通过电话征询和到馆交流的形式与成员馆沟通，得到大家的积极响应，获取了近 50 家成员馆（覆盖省、自治区、直辖市及骨干市级馆）的馆藏书目，共计 2434 万余条，并处理完成 28 家省级成员馆、13 家骨干市级馆的 1486 万余条馆藏信息的添加工作。截至 2017 年 12 月中心馆藏库总量突破 3217 万条，全国公共图书馆联合馆藏体系初见规模。借助建立的联合目录，全国图书馆联合编目中心在 2011 年辅助完成了革命历史文献联合目录以及少年儿童图书馆馆藏推荐书目的制作，对联合目录的专题挖掘是联合编目工作拓展的一个方向，也是深化国家书目服务的有益尝试。

目前国家图书馆通过网站和手机服务平台已经启用联合目录数据为读者提供检索和服务，发挥联合目录多馆藏的服务价值，让读者不仅能够查找是否有此文献，而且能够了解到哪些图书馆有此文献，再借助地图显示功能和 GPS 导航功能辅助读者就近获取提供服务的图书馆。而图书馆用户通过联合目录系统不仅可以了解文献出版发行情况，也可了解文献的各馆分藏情况，辅助本馆的馆藏建设。此外，通过联合目录馆藏数据库的信息确认，只要找到对应实体馆藏信息，国家图书馆数字资源分发系统即可向该馆发送相应的数字化产品或实现相应产品的远程获取授权，极大节省各馆馆藏数字化的成本。

联合编目系统是一个开放式的系统，可通过与相关系统的相互链接将全国的图书馆资源融合成一个整体，形成包括多种资源类型、多种服务方式的资源保障能力，进而形成多级文献保障体系；实体资源普查登记平台（即目前的联合编目系统）与数字资源普查登记平台，文献资源与馆际互借服务系统、参考咨询服务系统的有机结合，将形成整体性资源建设与共享机制。

三、联合编目的实践启示

新的联合编目系统平台为国家书目的建设提供了契机，新的质量监控员共建机制为完善国家书目提供了智力支持,不断结合新的资源特征的编目规则和数据制作标准为数字时代的国家书目注入了活力,使其更具生命力。当然在联合共建的过程中我们也发现了一些问题:(1)数据标准化问题。联合编目业务历来重视统一规则、统一标准,在联合编目业务和联合目录构建过程中起到了至关重要的作用。但在实际操作过程中,也存在编目员对数据格式、著录细则、规范控制的掌握不尽一致,使同一种文献产生了多种不同的编目数据,给共享编目特别是联合馆藏查重挂接工作造成了巨大障碍,进而影响到用户的利益。考虑到未来出版物形式的多样化、信息源的不规范等状况,在建设地区性联合目录或数字资源普查登记中,需要特别注意标准化建设,尤其是标准规范的可操作性,它是联合共建的基石。尤其在揭示不同载体形态的资源时,需要注意同种作品的关联性,数据制作标准尽可能统一或者建立准确的连接。(2)系统兼容性问题。在联合编目的多年实践中我们发现由于各馆采用不同的集成化管理系统,某些系统在初期没有考虑或较少考虑系统软件开发标准的统一、兼容问题,没有或仅部分支持通用的交互协议或技术标准,使得编目系统的各项功能存在差异,通用性、适用性差,共建共享的工作受到一定的影响。在建设地区性联合目录或数字资源的统一登记、统一检索和统一调度中,要力求从平台建立的初期就保证对不同接口和标准协议的支持,以便后续顺利实现与相关系统的连接,进而拓展服务。

目前的联合目录作为实体馆藏登记平台,既揭示了一个国家的实体出版情况,又揭示了文献资源在全国的分藏情况,图书馆通过此平台不仅能共建共享书目信息,还能借助联合目录的衍生产品,如馆藏分析成果,了解同类型、同级别或同区域图书馆馆藏情况,有针对性地建立特色馆藏,实现图书馆间文献资源的合理布局,提高馆藏文献的质量和服务水平。同时借助国家书目的完整数据源,各地方馆也可以更便捷地建立或完善区域性的联合目录或地方文献专题目录库。中心在征集和整理成员馆馆藏书目过程中陆续添加了一些地区性联合目录的数据(如青岛市地区 5 馆联合目录、武汉地区公共图书馆联合目录、北京地区公共图书馆联合目录、杭州地区图书馆联合目录、成都地区图书馆联合目录、嘉兴市地区 6 馆联合目录、宁波市公共图书馆联合目录、山西省图书馆集群管理系统、陕西省图书馆联合目录等),在全国联合目录的大体系下整合共建区域性联合目录是中心未来考虑的发展方向,从而形成全国性联合目录—区域性联合目录—各图书馆—读者用户的服务格局。

为了提高联合馆藏的实时性和准确性,目前有三种馆藏更新方式可供借鉴。(1)在线添加、修改或删除本馆馆藏:这是目前区域性联合目录在新建馆藏时主要采取的方式,地区联盟内的各馆在统一自动化平台制作和完善数据,从而实现新增馆藏信息的实时更新;对于全国联合编目中心的用户既可以使用联合编目客户端直接在线操作,未来系统完成异构上载接口开发后各馆也可以使用本馆客户端实现各馆本地的自动化系统向联合编目系统的异构上传操作。(2)批量提交完整书目数据查重灌装馆藏:这种方式主要便于大批量回溯数据或指定时间段的馆藏上传和更新,目的是快速建立起基础馆藏信息库;2010 和 2011 年中心建立全国联合目录集中采用的就是这种方式,由各馆从系统内导出带有系统控制号的完整书目数据,中心进行统一查重灌装。(3)远程收割 OPAC 书目信息通过 ISBN 或其他条件查重匹配添加馆藏:这种方式主要用于便捷获取完整有效馆藏实现馆藏信息的补充和更新,中心 2017 年已完成了系统开发,正在进行小范围测试。综合来看,第一种方式准确性和实时性最有保证,但需要系统支持和配套的人力支持;第二种方式准确性基本能保证,但实时性有所欠缺,数据差异性导致的人工成本(主要是针对系统不能自动匹配添加馆藏的部分)未知;第三种方式实时性基本能保证,但系统自动匹配准确性较差,尤其是对没有 ISBN 的资源或一号多书的资源,可能会误导读者。最科学的方式是整合三种手段,取长补短,保证联合目录提供的馆藏信息完整、准确、及时、可用。各地方馆在建设区域性联合目录的过程中可以根据本地区的系统状况和数据资源情况选择最经济有效的方式进行。

第二节　数字时代中国国家书目的缘起

在传统环境下,国家书目服务被赋予了三个主要目标:促进图书馆高效低成本的编目,为图书馆采选提供便利,推进文献提供的信息查找和检索。除此之外,提供一国出版物的统计,反映政府政策对教育、语言、经济等带来的影响,体现一国满足其出版需求的自足程度都是国家书目的目标。今天,这些目标仍然适用,但不同的是实现这些目标的环境。关联数据的诞生,大数据的蓬勃发展,以及业内资源描述与检索(RDA)的正式采用,计划取代 MARC 的书目框架新模型的完整发布都带给了作为图书馆元数据鼻祖的书目资源以新的思考。数字时代的国家书目从概念范畴到服务方式都有了显著变化,但国家书目的作用也遇到了来自互联网丰富资源的挑战。全国图书馆联合编目中心在替代发挥中国国家书目中心服务职能十四年后,于 2010 年开始策划重启中国国家书目项目。

一、重启中国国家书目项目的必要性

盛世修史,是中国历代的传统。改革开放 40 年来,我国在政治、经济、文化、科学

和教育等领域取得了举世瞩目的巨大成就，综合国力和国际影响力得到了前所未有的提升。一个古老而又年轻、传统而又现代的东方大国正以崭新的姿态屹立于世界文明之林。通过国家书目这个平台，全力整合中文文献的书目资源、及时报道文化建设的最新成果、集中展示中华文明的优秀传统，是我们这一代生逢盛世的图书馆人的神圣职责。

1. 国家书目是我国书目发展的必然选择

纵观近现代中国主要书目类型包括：书业书目、国家书目、联合书目、图书馆目录、专题书目、书目之书目、检索刊物等，并逐步成体系，对于记录、报道、检索文献，不同程度地发挥着书目控制与资源共享的作用。在上述书目系统的诸书目中，《全国总书目》作为我国连续出版时间最长、收录书刊相对比较完备的通报性和累积性书目，其在一定程度上虽起着《国家书目》的速报本和累积本作用，但因其书目收录不全、编制体例不完备、著录事项及著录格式过于简单、缺乏认址功能，且出版时滞过长、及时性差等局限，不能成为真正具有实质意义的国家书目。可以说，目前尚无权威的实质性的国家书目，而书目的现状与社会各界的需求之间存在较大的距离。近年来，无论是国内外图书馆界、学界、业内专家、出版业界以及社会各界读者等，都希望图书馆界的龙头、书目领域的领军队伍——国家图书馆能够重启国家书目项目，以满足国内外社会各界的需求。

2. 国家书目是国家图书馆自身职能的内在要求

环视世界发达国家国家书目的编纂机构，几乎都是在呈缴本制度下，由其国家图书馆编制国家书目或相当于国家书目的书目。中国国家图书馆作为我国国家总书库和书目中心，接受全国各个出版社的法定呈缴本，应该责无旁贷地承担起国家中文文献保障及其揭示与报道的重任。2018 年正式实施的《中华人民共和国公共图书馆法》第二十二条明确指出："国家设立国家图书馆，主要承担国家文献信息战略保存、国家书目和联合目录编制、为国家立法和决策服务、组织全国古籍保护、开展图书馆发展研究和国际交流、为其他图书馆提供业务指导和技术支持等职能。"因此，为了更好地履行国家图书馆的职能，更好地记录、揭示我国出版的中文文献，宣传和推广中国文化，国家图书馆重新启动中国国家书目项目势在必行。与此同时，国家图书馆通过国家书目项目，可以以中国国家书目为主线，既可以对国家图书馆馆藏进行全面补充，完善国家总书库建设，也可以借助国家书目创建全国联合目录，发挥国家图书馆中文文献保障的龙头作用，同时还可以依托联合馆藏，推送数字化文献，与出版环节合作打造中国可供书目等各类新兴服务。

3. 国家书目是促进对外文化交流与合作、提升国家图书馆国际影响力的有效

手段

党的十七大开始对兴起社会主义文化建设新高潮、推动社会主义文化建设大发展大繁荣做出全面部署，文化作为国家重要的软实力之一，在国家大政方针中的位置得到了明显提升，我国文化走出去的战略方针在文化教育等各领域得到了积极响应和实践。国家图书馆不仅是我国图书馆建设的一面旗帜①，也是向全世界传播中华文化的重要平台和展示我国文化软实力的重要窗口，在社会主义文化建设中扮演着越来越重要的角色，承担着越来越重要的责任。作为国家文献资源总库、世界最大的中文文献收藏中心，国家图书馆应借我国文化发展的大好时机，通过中国国家书目项目的实施，不仅可以进一步加强与国际图书馆界的交流与合作，促进我国图书馆事业的进步与发展，同时通过国家书目项目，搭建起传播中华文化的重要平台，介绍和传播我国优秀民族文化，展示我国文化建设的新成果，以践行文化走出去的发展战略，对于提升国家文化软实力，提升国家图书馆在我国文化社会经济中的责任和作用，提升国家图书馆在国内外的地位和影响具有重要的积极作用。

二、重启中国国家书目项目的可行性分析

目前，正值国家倡导“推动社会主义文化大发展大繁荣”以及构建学习型社会的大好时机，重启“中国国家书目项目”可谓适逢天时、地利、人和。

1. 根据历史沿革，国家图书馆重启“中国国家书目”名正言顺

中华人民共和国成立以来，我国第一次以国家书目命名的书目，就是由北京图书馆（今国家图书馆）《中国国家书目》编委会主编，《中国国家书目》编辑组编辑，书目文献出版社（今国家图书馆出版社）1987 年 10 月出版的《中国国家书目》（1985）一书。此后还相继出版了 1986—1993 年本《中国国家书目》。由于当时承担此项任务的书目数据中心改为企业化运行，逐步用机读联合目录取代了纸本目录，加之缺少足够的经费支撑，以至于《中国国家书目》的出版工作就此中断。因此，目前人力物力财力各项客观条件具备，国家图书馆重启“中国国家书目”顺理成章。

2. 国家图书馆的海量藏书为编制“中国国家书目”提供了丰富的资源保证

国家图书馆作为国家总书库、国家书目中心，拥有全球最宏富的中文文献。国家的呈缴本制度以及国家图书馆多样化的采访方式为国家书目提供多重保障。始终把传承中华民族文化作为己任的国家图书馆一直力求建设最完善的国家总书库。截至 2009 年底，国家图书馆馆藏中文文献 355 万余种，其中包括中文普通图书、港台

---

① 任继愈的生命承诺[EB/OL].[2017-04-13]. http://www.docin.com/p-814265868.html.

图书、中文报刊、学位论文、古籍文献等。广义的国家书目不仅仅包含本国的正式出版物,还可以根据各机构政策确定包含某些特定类型的资料。这些资料与该国有着密切的关系,可以看作是国内馆藏的一部分,也就是与该国文化、历史、地理以及语言环境的某个方面相联系的出版物。根据这一原则,对于我国而言,除了内地正式出版物外还应包括台港澳等地正式出版的文献、学位论文、有价值的非正式出版物、电子资源等。上述这些文献在国家图书馆都有丰富的馆藏,国家图书馆在馆藏文献类型、数量、质量、结构等方面始终保持国家级资源中心的地位,可以保证最大限度的丰富国家书目内涵,这也是国内现有书目不能及的地方。

3. 全国联合编目中心目录已经具备国家书目基本雏形

全国图书馆联合编目中心成立于1997年10月,主要为了在全国范围内组织和管理图书馆联机联合编目工作,运用现代图书馆的理念和技术手段将各级各类图书馆丰富的书目数据资源和人力资源整合起来,以国家图书馆为中心,实现书目数据资源共建共享。截至2017年底,全国图书馆联合编目中心的中文书目数据量已达862余万条,直接数据用户已累计达3324家,成员馆2692家,遍及全国各省市、自治区、直辖市和特别行政区,具有书目数据上传权限的成员馆50个,形成了一支相对稳定的书目共建共享队伍。以联合目录为依托,通过共建共享,不但可以提高国家书目更新的即时性,更可以确保国家书目覆盖的全面性。

4. 专业化的编目队伍为国家书目质量提供了可靠保障

国家图书馆作为国家书目中心,通过多年的实践打造出来一支业务素质强、工作经验丰富的中文文献编目队伍,各类型文献编目人员百余名。国图数据描述详尽,能够全方位地揭示文献内容,在整个图书馆业界一直具有良好的口碑。专业的编目队伍可以确保国家书目编制的质量和实效性。

5. 国家数字图书馆为国家书目存储发布提供了良好的软硬件保障

国家数字图书馆已在全国形成一个资源丰富、服务快捷、技术先进、稳定可靠的分布式数字图书馆网络,并通过这个网络向社会公众提供信息与知识的跨库无缝集成服务,使国家图书馆的资源与服务实现全民共享,同时国家数字图书馆拥有良好的软硬件设施以及相应的高水平技术人员,可以为国家书目的长期存储、发布以及应用提供全方位的技术保障。

6. 国家图书馆为国家书目的广泛应用提供了广阔平台

开展国家书目服务是编制国家书目的最终目的,国家图书馆可以为推介此项服务提供广阔的公众平台。首先,对图书馆界而言可以促进高效低成本的编目,可以推进文献提供的信息查找和检索。同时国家书目可以提供一国出版物的统计,是公众的重要信息资源,可以为图书馆和其他用户采选提供便利条件,所以对于出版业来说是重要的推广工具。除此之外网络版国家书目还可以与上游供应商合作打造中国可供书目,也可以与版权管理机构合作,进行版权登记和管理,还可以与数字化产品结合提供立体化的国家书目等。

总之,从各方面综合来看,国家图书馆承担国家书目编制工作切实可行,而且国家图书馆作为公众文化服务机构,可以依托国家文献信息资源总库建设,随着时代和技术的发展不断丰富国家书目的内涵,让承载着国家文化遗产的国家书目更加富有生机与活力。

三、重启中国国家书目项目的内容

2010 年初国家图书馆中文采编部递交了中国国家书目项目计划书,将项目内容划分为三个部分:建立国家书目中心数据库,全面采集国内所有正式和非正出版物;以国家书目中心数据库为基础,以全国联合编目中心系统为平台,在全国图书馆领域内广泛开展联机联合编目与资源共享工作;建立集中式的国家书目网络系统,利用系统所涵盖的文献资源优势和在全国范围形成的广泛影响力,推动跨行业、跨系统、跨地区的网络合作,实现国内几大网络系统之间的协调采购、馆际互借和联合参考咨询等服务。

整个项目在 5 年时间内完成,分为三个阶段。

第一阶段:(2010 - 06—2010 - 12)

(1)翻译 2009 年国际图联出版的《数字时代的国家书目:指南和新方向》(*National bibliographies in the digital age: Guidance and new directions*)。

(2)成立国家书目委员会,由国家图书馆馆长担任委员会主任。

(3)成立项目管理委员会、项目专家咨询委员会。

(4)制订中国国家书目项目具体规划,以及国家书目建设中的各种管理性文件。

(5)调研版本图书馆、公共图书馆、高校图书馆等文献收藏情况及书目数据情况,召开专家会议,确定中国国家书目收录范围。

(6)建立国家书目数据生产与交换、文献整合等标准规范体系。

(7)对全国各级图书馆参与国家书目项目的专业人员进行培训。

(8)以中文普通图书为切入点,全面启动中国国家书目项目。

第二阶段:(2011 - 01—2012 - 12)

(1)开始书目数据、规范数据整合。

(2)完成全国成员馆的馆藏信息回溯加工,建立覆盖文献超过 3000 万册的馆藏信息库。

(3)策划出版印刷本及电子版中文普通图书国家书目,并以此推广中国国家书目。

(4)分析国家书目用户的使用情况,开始整合期刊报纸、电子文献等书目数据。

(5)策划出版网络版的国家书目。

(6)继续对全国各级图书馆参与国家书目项目的专业人员进行培训。

第三阶段:(2013-01—2015-12)

(1)构建囊括多种文献类型的国家书目网络资源平台。

(2)基于国家书目网络资源平台,推进馆际互借、数字文献传递等工作,打造中国可供书目,实现跨行业合作。

(3)策划海外中文出版物和台港澳文献等其他中文文献的收录国家书目问题。

(4)出版回溯版的国家书目。

(5)继续对全国各级各类文献情报机构参与国家书目项目的专业人员进行培训。

第三节 数字时代中国国家书目的实践

为了强化和深化数字时代中国国家书目的服务职能,全力整合书目资源,及时报道文化建设的最新成果,从出版情况集中展示我国政治、经济、文化、科技的发展状况与水平,提升国际影响力,国家图书馆顺应时代的要求,2012年正式启动了中国国家书目门户的建设,期望借助国家数字图书馆的相关建设成果,将中国国家书目门户打造成我国全部出版物的总目录,推动跨行业、跨系统、跨区域的网络合作,建立起出版物的上下游交互机制,使得出版物供应链的各个环节都能获取一致且有效的信息,最终实现全社会的书目信息与资源共享。此次中国国家书目门户的开启填补了国内国家书目网络发行平台的空缺,为各类用户提供了方便快捷的信息获取渠道。

一、建设目标

将中国国家书目门户打造成我国全部出版物的总目录。在现有自动化系统和数字化环境的大框架下,借助数字图书馆实现全面的、多角度的、多元化的国家书目的集成发布、展示、检索和推送服务。第一,应当为国内外图书馆及同类机构提供采选便利，促进高效低成本的编目；第二，通过提供出版物统计，客观再现不同历史时期政治、经济、文化等的发展变化，使其成为公众重要的信息资源；第三，为国内外个人读者，提供集书影、目次、摘要、全文等的一站式展示，通过书目的 FRBR 化揭示提供便利检索的用户体验；第四，成为出版机构了解整个出版行业宏观情况和市场的平台，成为出版机构新书推荐、推广的重要工具，同时，通过分析各类文献在各级各类图书馆的分藏情况与利用情况，辅助出版机构进行出版选题。除此之外，网络版国家书目还可以与上游供应商合作打造中国可供书目，也可以与版权管理机构合作，进行版权登记和管理，与数字化产品结合提供立体化的国家书目等。

将中国国家书目门户打造成各级各类图书馆实体馆藏资源的普查登记平台。依托数字图书馆推广工程，帮助各级各类图书馆建设本馆、本区域的书目系统，整合全国公共图书馆 OPAC 服务，开展各级各类图书馆实体馆藏资源的普查登记，通过与数字资源普查登记平台、资源发布与服务平台的集成，实现实体资源与数字资源的关联服务和广泛推送。在此基础上通过馆藏分析的成果，使得各图书馆了解同类型、同级别或同区域图书馆馆藏情况，有针对性地建立特色馆藏，实现图书馆间文献资源的合理布局，避免重复建设，进而推进文献提供与馆际互借，提高馆藏文献的质量和服务水平。

二、收录范围和数据来源

依照数字时代的国家书目指南①中给出的建议：国家书目应当包括所有类型的出版物，但不必包括所有出版物，穷尽所有不是最终目标；实用的选择原则应当正式予以规定和出版；国家书目机构应当根据资源的重要程度，针对不同类型的出版物制定不同的编目级别。国家图书馆 2011 年底确定了最新的中国国家书目收录范围，收录原则为“领土—语言”，收录范围涵盖国内出版印刷型出版物、电子出版物并逐步延伸到网络资源，收录的内容也从本国出版物逐步延伸到其他国家研究本国的出版物以及国人在境外出版的作品。涉及中文普通图书、少数民族语文图书、连续出版物、音像制品、电子出版物、盲文读物、本国出版的各种外国语言文献、台港澳及海外中文图书、学位论文、中文资料、海外中国学文献（包括海外研究中国的文献以及华人在海外出版的文献）、数字出版物等书目数据信息和馆藏数据信息。国家书目门户第一批数据选取文献类型与国家图书馆馆藏文献类型对照表参见表 1。

---

① IFLA 国家书目指南工作组. 数字时代的国家书目：指南和新方向［EB/OL］.［2010 - 03 - 26］. http://www. ifla. org/files/bibliography/publications/national-bibliogratphies-digital-age-zh. pdf.

表 1　国家书目选取文献类型列表

序号	UCS01 库文献类型 200$b	说明	NLC01 库/NLC09 库 对应文献类型
1	专著	1949 年以后出版的印刷型图书 （包括中文普通图书、少儿文献、中文资料等）	专著
2	民语文献	少数民族语言图书	民语文献
3	海外中文图书	主要包括港澳台地区出版的中文图书	海外中文图书
4	期刊	国内出版发行的期刊	期刊
5	报纸	国内出版发行的报纸	报纸
6	博士论文	正式授予博士学位通过答辩的论文	博士论文
7	录音制品	包括各种录音带和唱片	录音制品
8	电子资源	包括磁盘型和光盘型的电子文献	电子资源 电子资源. CD,电子资源. VCD, 电子资源. DVD,电子资源. MP3

表 2　不同文献类型的选取范围和处理细则

文献类型		选取范围	处理要求
图书	中文普通图书	除内部文献外均入国家书目，未新建记录的重印书暂不收入	从 UCS01 库按出版年 2011 和重印年 2011 抽取 010$a 非空的 200$b“专著”数据
	港台图书	收录有 ISBN 的海外中文图书，出版地非港澳台的书目暂时不入，“内部阅览”和“赠送”书目不入	同时满足 200$b 海外中文图书与 102 字段$aCN 且 010 字段$a 不为空的数据
	民语图书	屏蔽服务书目暂不入	满足 200$b 民语文献且 010 字段$a 不为空，无 STA 字段的数据
	国内出版外文图书		从 UCS09 库抽取 260$c 字段含有 2011，且 020$a 以 9787 或 7 开头的数据

续表

文献类型		选取范围	处理要求
连续出版物	期刊	收录一刊一号规范且规律出版的正式期刊（包括民语期刊）；一号多刊、多版本期刊需整理后收入；虽有正式刊号，但军内曾发文规定仅限军内发行的期刊暂时不入；电子版期刊暂时不入；无有效准印证号期刊不入	从 UCS01 抽取 100 字段第一时间小于等于 2011，第二时间大于等于 2011 且 200 $b 为期刊或报纸的数据，去除内部资料，没有统一刊号（即 091 字段）和有 021 字段的期刊数据；去除军内发行且含 STA 字段的数据，抽取电子版和纸本同时出版的期刊（205 字段为电子版）；整理一号多版本的数据，逐条核查 ISSN 号、合并统一刊号相同的多版本数据
	报纸	收录一报一号规范出版的报纸，一号多版本出版不规范的报纸需整理后收入	
学位论文		(1) 仅选取博士学位论文进入国家书目：博士后研究报告待涵盖面达到较高比例后再入，硕士论文与海外学位论文暂不收入。 (2) 部分学位论文涉及保密、作者不授权等不适宜公开的情况。待解密或超过使用授权期限后再入。 (3) 学位授予年代不是自然年而是学年，2011 年度的博士学位论文包括 2010 年下半年至 2011 年上半年完成并通过答辩的博士论文	从 UCS01 库抽取学位授予时间（328 $d）为 2010 或 2011 同时满足 200 $b 博士论文且无 STA 字段、OWN 字段为 2 级以上的有索取号的数据
音像资料		收录音像资料主要按音频、视频、电子三大类划分，每类再根据载体以及记录格式进行划分，包括：电子资源（含电子图书、电子期刊、程序等），音频（录音带，光盘：CD、MP3），视频（录像带，光盘：VCD、DVD）；网络资源暂不收入	从 UCS01 库抽取出版年 2011 且 200 $b 为录音制品、录像制品、电子资源. CD、电子资源. VCD、电子资源. MP、电子资源. DVD、电子资源的数据；对于无 010、016、011 字段的数据以及含有“快速编目”字样的数据暂不收录

特殊文献类型处理细则：

1. 年鉴数据处理需求

(1)年鉴数据发布范围：

国家书目将联合目录中所有年鉴数据全部上传至国家书目。

(2)数据提取条件：

书目中题名$a 字段或 6XX 字段中含有“年鉴”字样的全部数据。

2. 书附盘、盘附书、盘附盘数据处理需求

(1)书附盘数据提取条件

从“专著”和“电子资源”数据中提取 307 字段中含有“附光盘”或“附磁带”“附书”字样，并且同时带“ISBN”或“ISRC”字样的数据。

(2)数据生成需求

书配盘 ISBN(存放 010$9)，书配盘 ISRC(存放 016$9)，书配书 ISBN(存放 010$7)，盘配书 ISBN(存放 010$8)，盘配盘 ISRC(存放 016$8)，盘配盘 ISBN(存放 010$6)

样例：

200　$a 音乐·歌唱$b 电子资源

215　$a1 光盘(CD-ROM)$c 有声，彩色$d12cm $e 附 5 光盘(CD;12cm)$e 附书(133 页，26cm)

307　$a 附光盘：ISRC CN－S13－04－307－00

307　$a 附书：ISBN 978－7－5404－3373－4

专著数据：

307　$a 附光盘：ISBN 978－7－900735－15－7

生成 010　$9 978－7－900735－15－7

表达含义——书配盘 ISBN

307　$a 附光盘：ISRC CN－M10－10－0053－0

生成 016　$9 CN－M10－10－0053－0

表达含义——书配盘 ISRC

307　$a 附光盘：ISBN 978－7－88765－817－3 ISRC CN－M46－10－0122－0

生成 010　$9 978－7－88765－817－3

016　$9 CN－M46－10－0122－0

307　$a 附书:消费心理学课程形成性考核? ISBN 978 -7 -304 -05032 -0
生成 010　$7 978 -7 -304 -05032 -0
表达含义——书配书 ISBN

电子资源数据:
307　$a 附书:ISBN 978 -7 -5404 -3373 -4
生成 010　$8 978 -7 -5404 -3373 -4
表达含义——盘配书 ISBN

307　$a 附书 1:奥莉薇:参加晚宴. --南京:江苏少年儿童出版社. -- ISBN 978 -7 -5346 -5616 -3:CNY9.00;附书 2:奥莉薇:遇到奥莉薇. -- 南京:江苏少年儿童出版社. -- ISBN 978 -7 -5346 -5620 -0:CNY9.00
生成 010　$8 978 -7 -5346 -5616 -3
010　$8 978 -7 -5346 -5620 -0

307　$a 附光盘(CD):ISRC CN -S13 -04 -307 -00
生成 016　$8 CN -S13 -04 -307 -00
表达含义——盘配盘 ISRC

307　$a 附盘:ISRC CN -E03 -10 -0019 -0 美丽中国/上海天地行影视传媒有限公司制作
生成 016　$8 CN -E03 -10 -0019 -0
表达含义——盘配盘 ISRC

307　$a 附光盘:ISBN 978 -7 -88084 -136 -7
生成 010　$6 978 -7 -88084 -136 -7
表达含义——盘配盘 ISBN

国家书目门户的数据基础是书目,主要来源于联合目录数据库,但随着互联网上各类开放数据的蓬勃兴起,国家书目门户也将适时接收对完善国家书目服务有益的数据。如适时接收和整合 CIP 数据和出版社、书商 ONIX 数据,以提升国家书目的完整性和及时性;在条件成熟的前提下,有针对性地引进外部关联数据,提升用户体验。基于此,国家书目收罗的数据格式涵盖 MARC、DC、Excel、MODS、XML 等多种类型,MARC 数据也涉及 CNMARC、MARC21 等多种格式。为了提高门户的使用体验,结合数字图书馆相关建设成果集成显示书影、目次和版权许可的全文信息。

为了将全国图书馆联合编目中心打造成最完整最优质的书目信息集散地,国家图书馆近些年积极加强业界合作,一方面拓展联合编目的文献类型,在原有数据共享的基础上加强对少年儿童出版物、海外中文图书、少数民族文字出版物、学位论文和地方文献出版物数据的征集,另一方面主动寻求与版本图书馆、出版社和书商的数据合作,多途径补充书目信息,以保证国家书目的完整性。特别加强了与新闻出版广电总局、各地新闻出版管理局等出版管理单位的沟通联络,充分利用缴送管理平台及时与出版单位联系,依托法定呈缴确保了各类型出版物缴送率和缴全率的提升,为国家书目的完整发布提供了保障。依托呈缴本制度和丰富的文献采访渠道,国家图书馆每年新增中文文献约 60 万种,其中非正式出版物近 20 万种,通过国家书目门户的预处理,有效整合了图书馆联合目录以及第三方机构的出版信息源,从而确保了国家书目的完整性;通过书目、书影、目次和数字化全文以及图书馆馆藏数据和规范数据的有机结合实现了数字环境下书目展示的全面优化,为用户提供了一站式的检索服务体验。

三、书目与检索

各国的国家书目记录都遵循各自统一的规则和实践,但由于规则来源于卡片目录,限制了书目在数字环境下的新应用。即使同一机构不同文献类型的编目细则差异,也会导致同一时间段不同文献类型的书目差异。为保证数据的规范性,项目组明确规定了数据整合过程中应依据的一系列标准,并以文件形式下发了有关主题标引规则、分类标引规则和机读格式的细节规定,而且在书目整合加工过程中针对发现的问题及时对标引规则、著录规则进行补充和细节说明。同时考虑到国家书目使用用户检索和浏览的需要,针对不同文献类型标识整合成五种图标和文字显示,具体为:图书、音像资料、期刊、报纸、学位论文,制定了不同的简要格式和详细格式发布要求(详见表 3 至表 7),增加了分面浏览和精炼检索等功能。

表 3　国家书目数据简要显示项目

文献类型	格式	题名	责任者	出版发行	限定
图书(含台港澳图书、民族语文图书)	CNMARC	200acdehi	200fg	210acdh	010$b
	MARC21	245abnp	245$c	260abcefg	020$c

续表

文献类型	格式	题名	责任者	出版发行	限定
音像电子出版物	CNMARC	200acdehi	200fg	210acdh	
	MARC21	245abnp	245$c	260abcefg	
期刊和报纸	CNMARC	200aedh$i		210ac$d 或 210$e$h	
	MARC21	245abnp		260abcefg	
学位论文	CNMARC	200aehi	200fg	学位授予机构 328 $e 或 209$c、学位授予时间 328 $d 或 209$d	
	MARC21	245abnp	245$c	502$a	

示例：

党校数字图书馆理论与实践/马民英著.
长春：吉林人民出版社，2011.

再见摇篮曲/(加)艾薇儿(Avril Lavigne)演唱.
上海：新汇集团上海声像出版社有限公司，2011.

宁德师范学院学报：自然科学版 = Journal of Ningde Normal University，Natural Science.
宁德（福建）；宁德师范学院学报（自然科学版）编辑部，2011—

中国食品安全报 = China food safety news.
北京；中国食品安全报社，2011—

基于动态死亡率预测的中国人口长寿风险管理研究 = Research on Chinese population longevity risk management on the basis of dynamic mortality forecast/安平著；陈建成，李晓林指导.
中央财经大学，2011，精装

表4 国家书目中图书数据详细显示项目

文献类型	图书	
格式	CNMARC	MARC21
题名	200aceh$i/200$f$g	245abnp/245$c
并列题名	200dehi 或 510aehi	246abnp
责任者	7XX 字段非连接字段部分	1XX 字段非连接字段部分
主题	6XX	6XX
分类	690$a	690$a
出版发行	210acdh	260abcefg
版本	205ab	250ab
丛编题名	225aehi	440anpv$x
语种	101ab$c	041ad$e
载体形态	215acde	300abcdfg
号码	010az	020az

示例:

题名:党校数字图书馆理论与实践/马民英著

作者:马民英(图书馆学)

主题:中国共产党——党校图书馆——数字图书馆——研究

分类号:G259.256

出版社:长春:吉林人民出版社,2011

语种:中文

格式:278页;21cm

ISBN:978-7-206-07819-4

题名:调试九法:软硬件错误的排查之道 = Debugging:the 9 indispensable rules for finding even the most elusive software and hardware problems/(美)David J. Agans 著;赵俐译

作者:(美)阿甘斯(Agans,David J.)

其他作者:赵俐(软件工程)

主题:电子计算机——调试

分类号:TP306

出版社:北京:人民邮电出版社,2011

丛编:图灵程序设计丛书

语种:中文

原著语种:英文

格式:142 页;24cm

ISBN:978 - 7 - 1152 - 4057 - 6

表 5　国家书目中音像电子出版物数据详细显示项目

文献类型	音像电子出版物	
格式	CNMARC	MARC21
题名	200aceh$i	245abnp/245$c
并列题名	510aehi	246abnp
责任者	7XX 字段非连接字段部分	1XX 字段非连接字段部分
主题	关键词 610、主题 6XX	6XX
分类	690$a	690$a
内容附注	327	505$a
出版发行	210acdh	260abcefg
版本	205ab	250ab
语种	101ab$c	041ad$e
载体形态	215acde	300abcdfg
号码	010az,016$a	020az

示例:

题名:再见摇篮曲/(加)艾薇儿(Avril Lavigne)演唱

并列题名:Goodbye lullaby

作者:(加)艾薇儿(Avril Lavigne)

关键词:通俗歌曲;外国

分类号:J652.1

描述:1. Black star(黑色的星)2. What the hell(搞啥鬼)3. Push(别逼我)4. Wish you were here(希望你在身边)5. Smile(微笑)6. Stop standing there(别傻站在那)7. I love you(我爱你)8. Everybody hurts(爱让每个人都伤心)9. Not enough(爱不够)10. 4 real(说真的)11. Darlin(亲爱的)12. Remember when(记得当时)13. Goodbye(说再见)14. Alice(爱丽丝)

出版社:上海:新汇集团上海声像出版社有限公司,2011

语种:英文

格式:1 光盘(CD)(52 min);有声;12cm;附光盘(DVD;30min)

ISBN:978 - 7 - 7994 - 3593 - 0

ISRC:CN - E04 - 11 - 314 - 00

表 6　国家书目中期刊和报纸数据详细显示项目

文献类型	期刊和报纸	
格式	CNMARC	MARC21
题名	200aehi	245abnp/245$c
并列题名	200dehi 或 510aehi	246abnp
责任者	7XX 字段非连接字段部分	1XX 字段非连接字段部分
出版发行	210ac$d 或 210$e$	260abcefg
版本	205ab	250ab
出版周期	326ab	310ab 或 321ab
主办	711	710
语种	101$a	041ad$e
载体形态	215ad$e	300abcdfg
号码	011$a	022az
统一刊号	091$a	
连接款目	43X - 44X	76X - 78X

示例:

题名:中国生态旅游 = Chinese ecotourism magazine

关键词:旅游;中国

分类号:F592

出版社:北京:《中国生态旅游》编辑部,2011—

出版周期:双月刊 2013— 月刊 2011—2012

主办:中国科学院地理科学与资源研究所

语种:中文

格式:28cm

ISSN:2095 - 199X

统一刊号:10 - 1008/N

题名:中国食品安全报,首都食品安全

关键词:食品质量;食品安全

出版社:北京:中国食品安全报社,2011

出版周期:周报

主办:中国食品工业协会

语种:中文

格式:38cm

统一刊号:11 -0177

相关题名:前版刊名:中国食品质量报 首都食品安全

表7　国家书目中学位论文数据详细显示项目

文献类型	学位论文
格式	CNMARC
题名	200aehi
并列题名	200dehi 或 510aehi
导师	702$a
关键词	610$a
分类	690$a
学位类型	328$b
学科领域	328$c 或 209$a
学位授予机构	328$e 或 209$c
学位授予时间	328$d 或 209$d
语种	101$a
载体形态	215ad

示例:

题名:基于动态死亡率预测的中国人口长寿风险管理研究 = Research on Chinese population longevity risk management on the basis of dynamic mortality forecast/安平著;陈建成,李晓林指导

作者:安平

导师:陈建成;李晓林

关键词:人寿保险;风险管理;人口死亡率;预测模型

分类号:F842.6

语种:中文

格式:138 页;30cm

学位类型:经济学博士

学科领域:金融学

学位授予机构:中央财经大学

学位授予时间:2011

为了提供更优质的国家书目检索服务,中国国家书目门户整合了传统书目检索系统的基本功能,并根据用户需要增设了部分新的使用体验。检索功能详述如下:

1. 基本检索

打开网址 http://cnbs.nlc.cn,进入国家书目门户系统首页。在中间的检索框内输入任意想查询的内容,再回车或者点击 ⌕ 检索按钮,即可查看检索结果。

2. 高级检索

在下图中,点击检索框右侧的向下箭头∨,可以使用“高级检索”功能。选择不同字段进行逻辑组配检索。

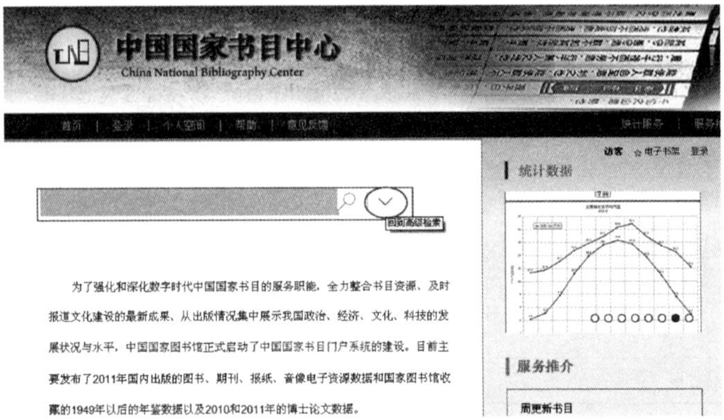

图 1　国家书目门户检索首页

高级检索提供如下选项:

图 2　高级检索选项

(1)选择字段

可以组合三个不同的字段,并且在“文献类型”和“语种”中进行限定。可选择的字段如下:

- 任意字段
- 题名
- 责任者
- 主题
- 出版机构
- 分类号
- ISBN
- ISSN
- 统一刊号
- ISRC
- 丛编名
- 出版日期

其中,“任意字段”表示检索词可以出现在书目的任意位置。

(2)限定类型

可选择的类型有:图书、期刊、音像资料、学位论文、报纸。如果选择“全部类型”,则表示不限定类型。

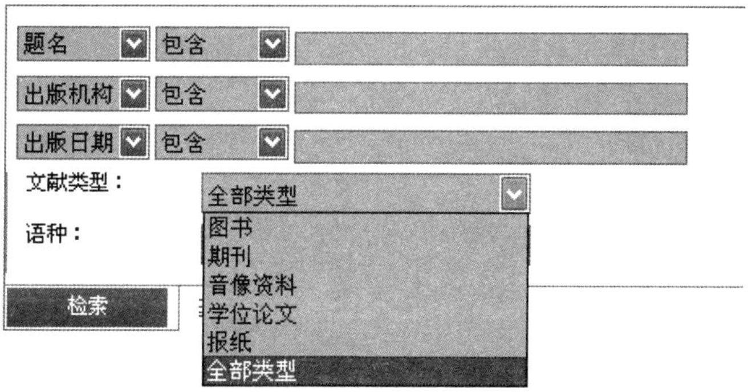

图3　限定类型

(3)限定语种

可选择的语种有:英语、法语、德语、汉语、俄语、日语、朝鲜语、西班牙语。如果选择“任意语种”,则表示不限定语种。

3. 浏览检索结果

不论通过“基本检索”还是“高级检索”,输入检索词并点击“检索”按钮后,除非命中数为0,系统会在检索框下方显示命中书目列表。

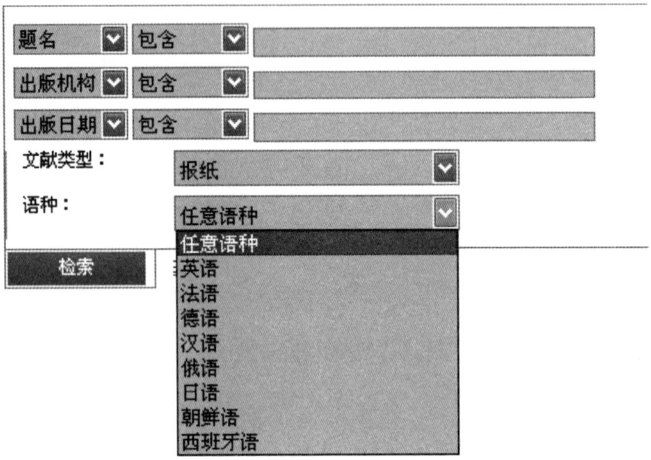

图 4　限定语种

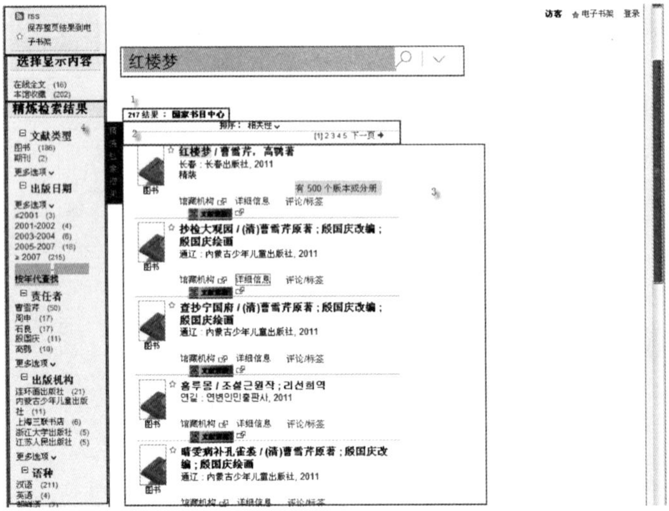

图 5　国家书目检索结果显示页面

上图标注的 4 个不同区域，解释如下：

（1）本次检索的命中记录数。

（2）检索结果导航区。可以翻页或者选择不同的排序方式。

（3）书目记录显示区。可以查看命中的书目记录内容。

（4）进一步精炼检索结果。可以根据不同途径，进一步缩小命中记录的范围。

4. 查看书目记录

在书目记录显示区，首先显示每条书目的简明格式，包含题名责任者项、出版项和装帧。点击题名链接或者“详细信息”链接，可以查看本记录的详细内容。

每条书目记录下方，提供“馆藏机构”链接、“详细信息”链接、“评论/标签”链接和“文献索取”按钮。

（1）查看馆藏机构

点击“馆藏机构”将打开新窗口，并且链接到该书目在UCS联合编目系统中的馆藏机构显示页面。

（2）查看详细信息

点击题名链接或者“详细信息”链接，可以查看本记录的详细内容。点击“详细信息”链接，显示如图6。

其中，链接字段可提供到UCS馆藏记录的链接，或者到亚马逊、WorldCat、Google图书等外部系统的链接。

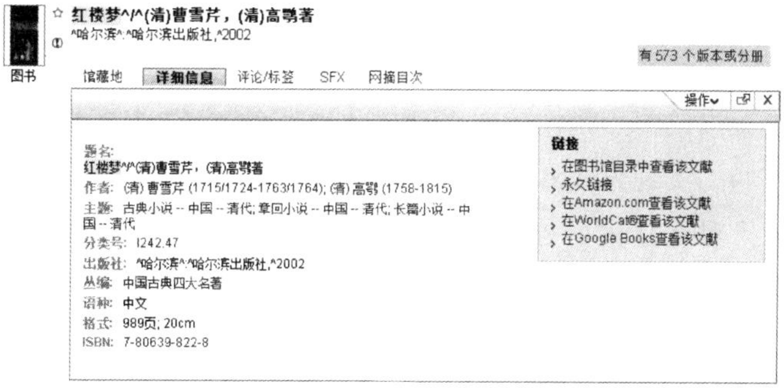

图6 国家书目详细信息显示页面

（3）查看评论/标签

点击“评论/标签”链接，可以查看本书目已有的评论和标签，并且可以添加新的评论和标签（需要先登录）。

（4）SFX

点击“SFX”按钮，可以链接到国家图书馆数字资源门户针对这条书目的“文献索取”服务页面。该页面上的内容有查看馆藏目录、参考咨询、文献传递等。

（5）题名归组

系统支持FRBR（Functional Requirements for Bibliographic Records，书目记录功能需求），聚类显示不同版本/分册。如果书目有多个版本的话，系统将相似书目聚到一起，首先只显示分组内的某一条书目，同时在记录右下方显示“有 ** 个版本或分册”字样。点击该文字链接，则可以显示分组内的全部书目。

（6）永久链接

检索到书目之后，点击题名或者“详细信息”展开，在链接部分可以看到“永久链接”,点击可以看到本书目的具体信息。复制或收藏本链接,在新窗口可重新打开。

5. 精炼检索结果

如果输入的检索词比较宽泛,命中书目数很多,可以通过左侧的分面来进一步精炼检索结果。从出版日期、责任者、出版机构、语种、馆藏地等不同角度缩小结果范围。

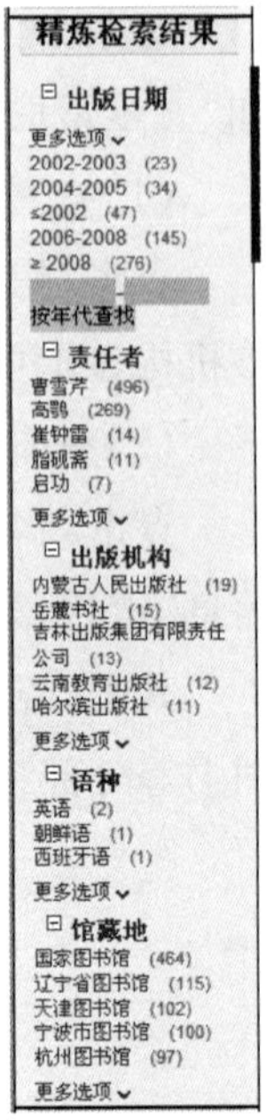

图 7 精炼检索结果

6. 试试新的检索

在结果页的左下方,系统还提供“试试新的检索”功能,可以从责任者和主题两个途径进行新的检索。此时的检索是启发式的,不需要输入检索词,而是利用上次检索后命中记录中出现过的责任者和主题(主要基于主题规范和名称规范的调用),在全部书目范围内重新检索。

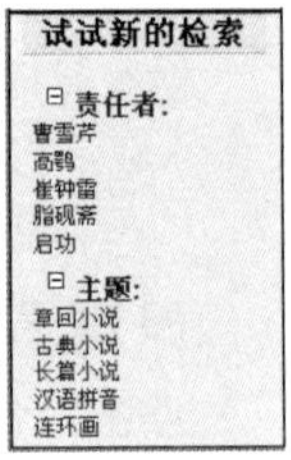

图 8 试试新的检索

除此之外最突出的亮点是门户对 FRBR 化实践的探索,本书将在下篇详细阐述我们的实现方式和思考。通过 FRBR 化,用户对书目数据的检索演变为了对作品集的检索,更易于查找、浏览目标结果及相关结果,图书馆的书目信息组织得到了深度序化,FRBR 从概念模型走向了应用实践。

四、系统与发布

时至今日,国外已经有大量的资源发现系统面世①,如 Innovative Interfaces 公司的 Encore(包括 Encore Synergy)、EBSCO 公司的 EBSCO Discovery Service(以下简称 EDS)、OCLC 的 WorldCat Local(以下简称为 WCL)、ExLibris 公司的 Primo(包括 Primo Central)、Serials Solutions 公司的 Summon 以及 SirsiDynix 公司的 Enterprise 等,也有一些研究性的 FRBR 开源系统,例如 LibDB 或 OpenFRBR。经过和近十家国内图书馆集成软件商的联系调研,可以看到少数国内图书馆软件公司对 FRBR 化开展过相关研究,并未形成实际产品。

考虑到国家图书馆图书馆自动化管理系统是 ExLibris 公司的 ALEPH500 系统等因素,确定选取 ExLibris 公司 Primo 资源发现系统并辅以适当的开发改造,实现与全

① 陈定权,卢红玉,杨敏. 图书馆资源发现系统的现状与趋势[J]. 图书情报工作,2012(7):44-48

馆系统之间的数据传输、同步操作，实现全面的、多角度的、多元化的中国国家书目的集成发布、展示、检索和推送服务。

Primo 是 Exlibris 公司 2007 年 5 月发布的“统一发现与获取”的功能平台，它面向机构提供对多来源数据的集中管理与集中发布，面向终端用户提供多来源数据的统一检索及展示。2009 年 6 月，Exlibris 推出 Primo Central，Primo Central 是一个海量的元数据仓储，汇聚 5 亿以上的学术文献元数据及对象数据，作为 Primo 的中心知识库部署在云端，成为 Primo 平台重要的数据模块①。Primo 包含 Primo Central 与 Primo 功能平台在一起的学术资源发现系统。

Primo 采用灵活的服务架构，Primo 功能平台可独立部署在本地服务器上，也可以部署在远程。底层可对应多个元数据仓储，包括：部署在云端的 Primo Central，部署在 Primo 功能平台中的 Primo Local，分布异构的第三方数据库（Primo 可通过配置第三方节点的方式使用第三方数据）。Primo 功能平台负责响应用户，并与云端数据、本地数据、第三方数据交互②。图 9 是 Primo 系统逻辑视图③，底层数据的来源分布。

为了实现对不同用户群体的一站式服务，建立覆盖多载体、多语种的国家书目门户系统，项目组选择了基于目前国际上应用较为广泛的发现系统进行本地化改造开发，2012 年的建设主要基于 Primo（版本 4.1.0）进行了开发，发布了 2011 年国内出版的图书、期刊、报纸、音像电子资源以及 2010—2011 年度的博士学位论文数据 40 余万条，集成了联合目录、国家图书馆数字化馆藏数据。系统将外部数据源的数据通过发布平台（Publishing Platform）装载到底层 Oracle 数据库。Primo 支持多种数据源，对于国家书目门户系统，数据源主要来自于联编 ALEPH 系统。

数据处理流程详见图 10 至图 13。

数据装载之后，将进入抽索引阶段，生成索引文件，以便实现海量数据，秒级检索。

---

①② 窦天芳，姜爱蓉，周虹，等. 清华大学学术资源发现平台的建设及思考——以“水木搜索”为例[J]. 图书馆杂志，2013(12)：71－75.

③ 参见“国家书目门户系统详细设计说明书”。

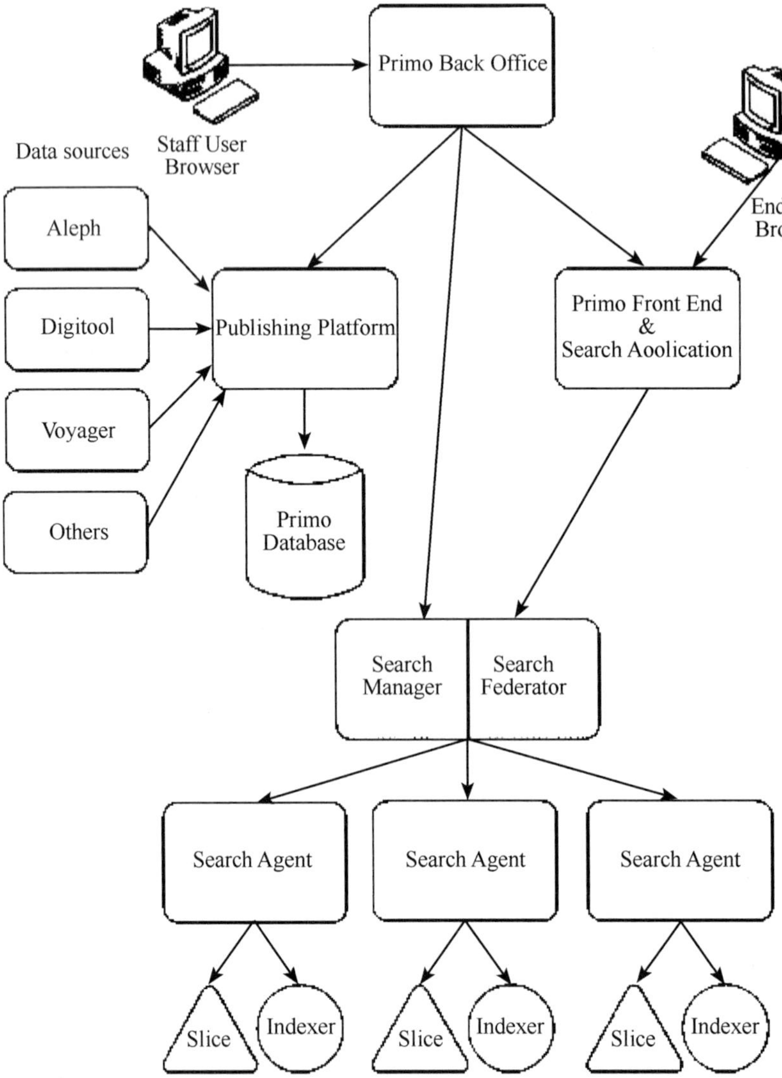

图 9　Primo 系统逻辑视图

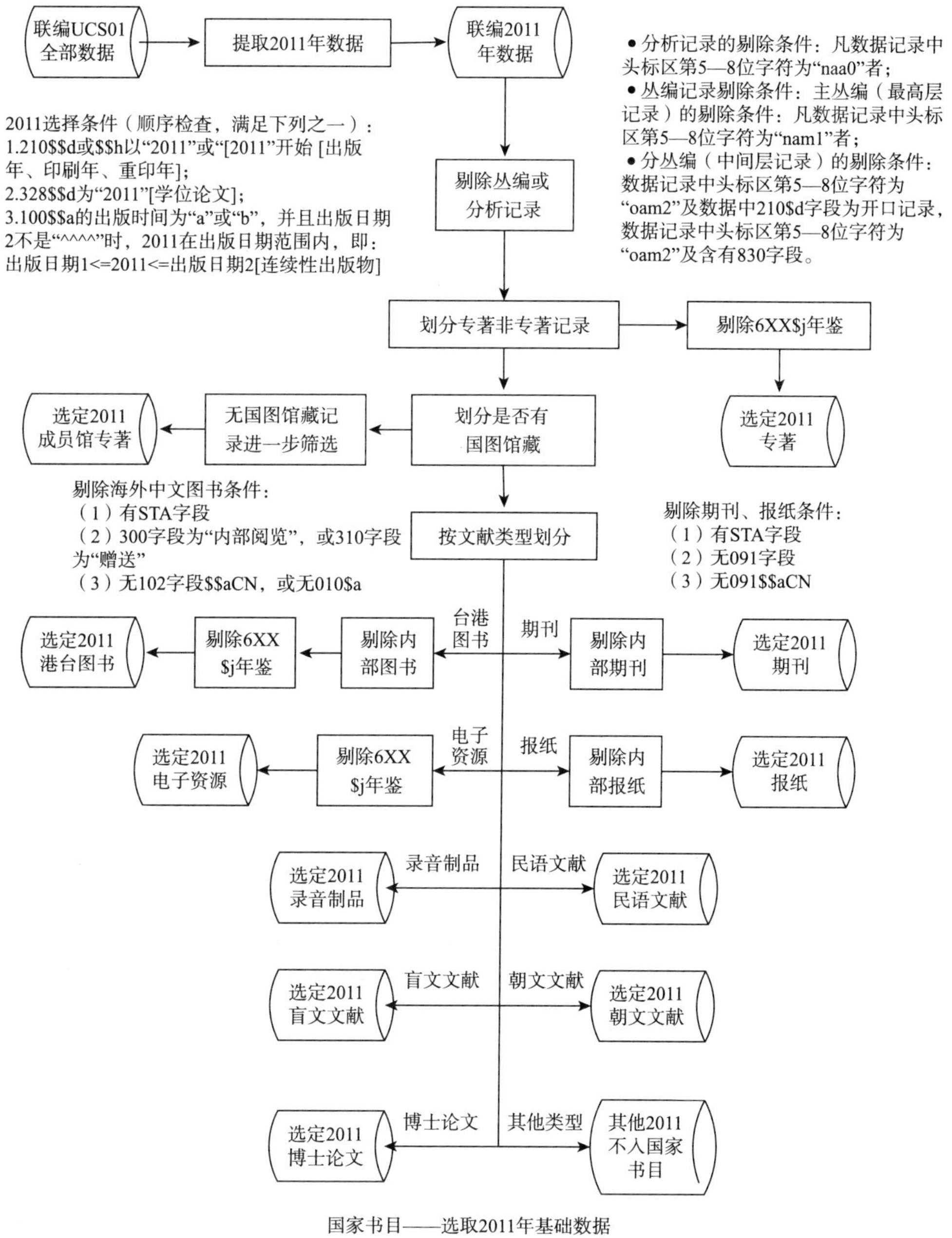

国家书目——选取2011年基础数据

图 10　国家书目基础数据导出流程

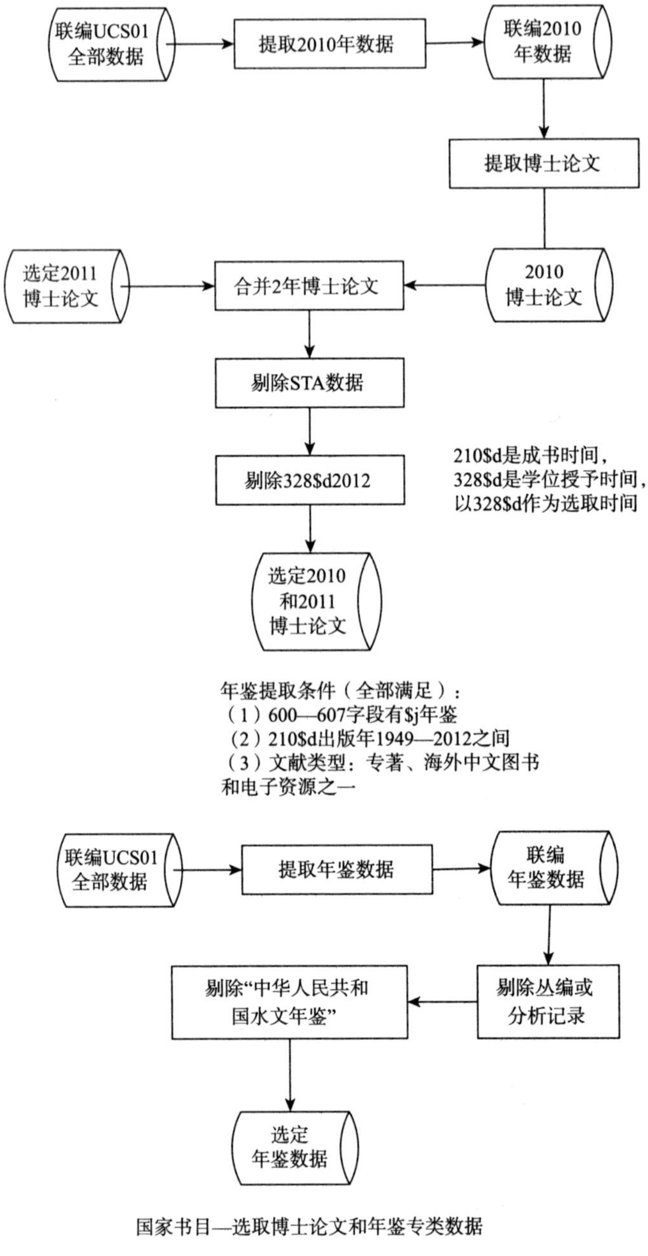

图 11　国家书目专类数据导出流程

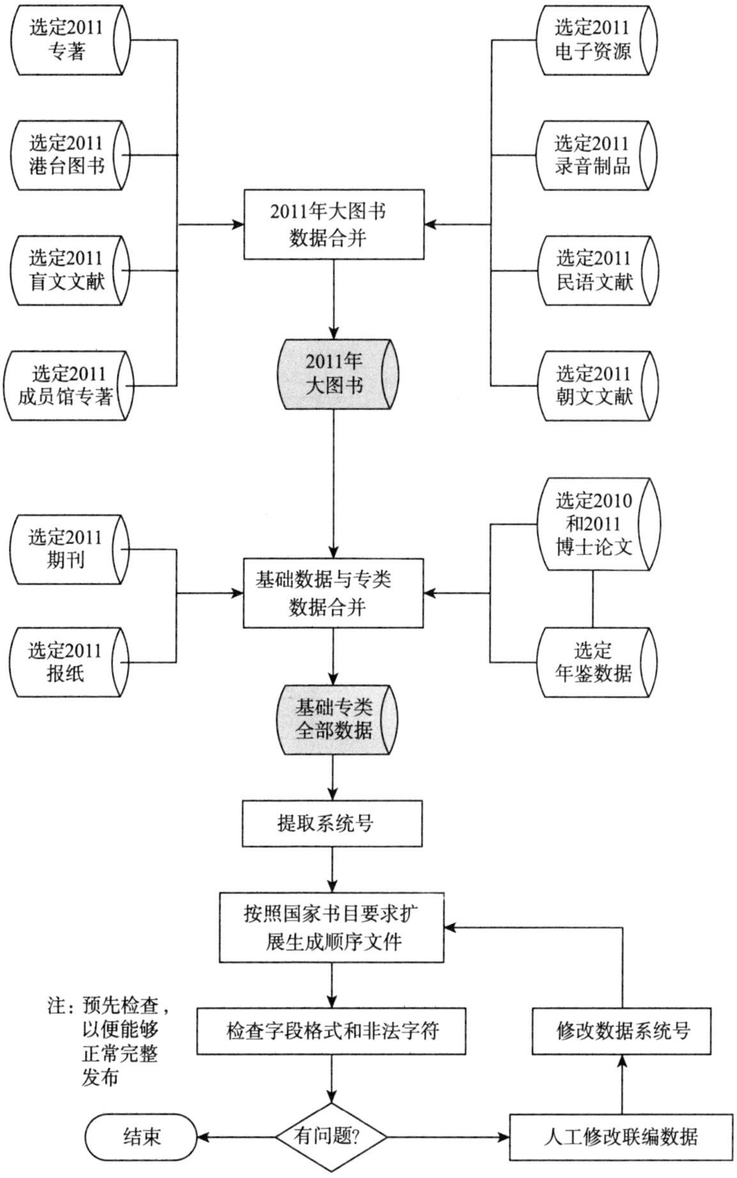

国家书目—2011年基础数据和专类数据合并检查

图 12　国家书目基础数据和专类数据合并流程

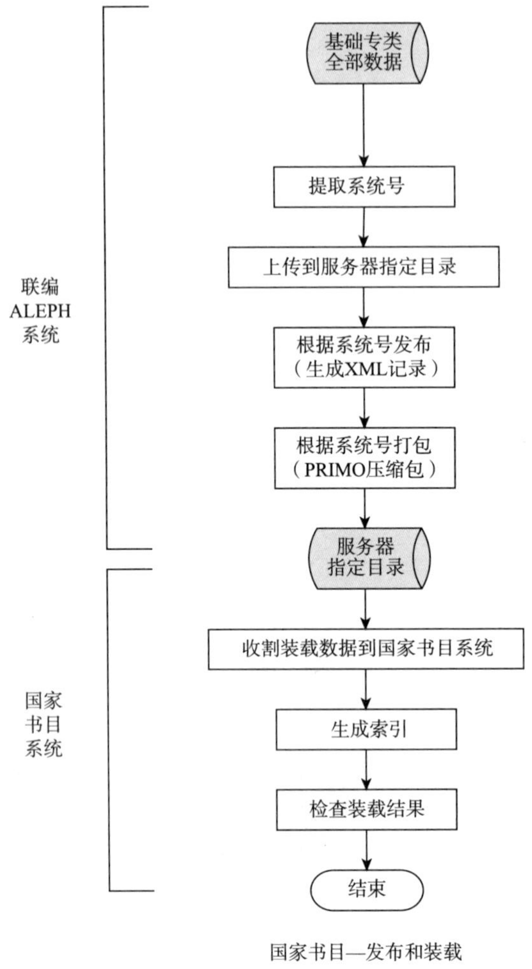

图 13　国家书目发布装载流程

五、统计与服务

国家书目门户的功能由发布管理、检索和展示、个性化服务、出版文献统计、系统管理等五大模块组成，力求实现对不同用户群体的一站式服务体验。以图书馆用户为例：编目员可以借助国家书目进行辅助编目，通过查找相似记录和规范记录，实现相关作品的集合显示，从而提高书目揭示的准确性和友好度；采选馆员可以利用国家书目获取出版物信息（包括最新出版物和绝版出版物），识别出版社和发行商或者确定出版状况，利用国家书目分析现行的出版物，了解最新出版趋势，根据馆藏建设原则进行采选和补藏；参考咨询馆员能借助国家书目门户实现便利检索，为读者查找所需文献（无论是馆藏还是非馆藏），可按专题设定个性化关注领域，接收定期的书目推送服务，借助国家书目的统计分析辅助参考咨询。

门户在服务方式上一改过去单一的书目检索和下载模式，针对不同用户群体推出了多元化服务，特别强调了国家书目对采访辅助的职能，探索与图书馆上游环节的信息交互。例如查缺补藏服务，用户可以输入自身的简要馆藏数据信息，通过添加筛选条件，将其与国家书目中同类型机构或者同地区出版机构的出版数据进行比较，获取缺藏书目，进而推进区域性的协调采购；面向国内外同行和出版社、书商等推出的周更新书目和出版统计服务，更是打破了以往只提供 MARC 格式的服务限制，通过可视化图表展示最新的出版情况，使用户直观便捷的获取书目信息，掌握出版态势和市场分布，指导其出版选题或确定采购重点。

1. 按资源统计

点击首页“统计服务”链接，在新窗口左侧的“统计条件筛选”区域，在下拉菜单中选择“按资源统计”，再点击生成统计图按钮。

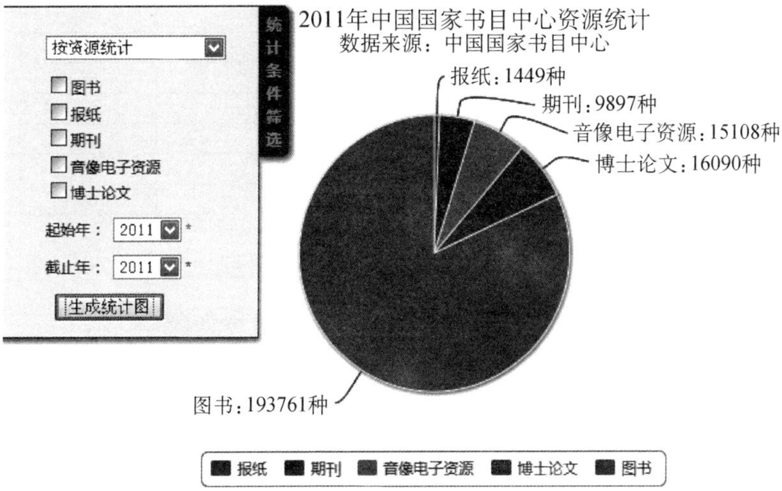

图 14　按资源类型统计国家书目

也可以在“统计条件筛选”区域，勾选想要统计的类型，再点击生成统计图按钮。

2. 按语种代码统计

在“统计条件筛选”区域，在下拉菜单中选择“按语种代码统计”，再点击生成统计图按钮。默认统计前 20 位。也可以勾选想要统计的语种，或是直接输入语种三位代码（多个语种用分号分隔），再点击生成统计图按钮。

3. 按原著语种代码统计

在“统计条件筛选”区域，在下拉菜单中选择“按原著语种代码统计”，再点击生成统计图按钮。也可以勾选想要统计的原著语种，或是直接输入语种三位代码（多个语种用分号分隔），再点击生成统计图按钮。

		语种中(英简)文名称	数量(种)
		汉语	206905
		汉语,英语	9456
		英语	3023
		汉语,日语	790
		维吾尔语	590
		朝语	560
		蒙古语	495
		藏语	341
		哈萨克语	256
		英语,汉语	195
		汉语,朝语	167
		汉语,藏语	145
		维吾尔语,汉语	111
		日语	108
		汉语,俄语	104
16	chi,ger	汉语,德语	99
17	chi,fre	汉语,法语	94
18	spa	西班牙语	79
19	ara	阿拉伯语	71
20	fre	法语	66

图 15　按语种代码统计国家书目

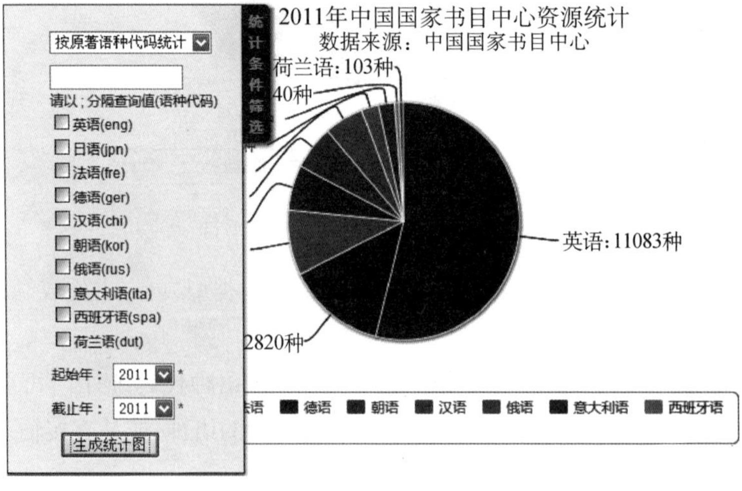

图 16　按原著语种代码统计国家书目

4. 按出版社统计

在“统计条件筛选”区域，在下拉菜单中选择“按出版社统计”，再点击生成统计图按钮。或者直接输入出版社完整名称(多个出版社用分号分隔),再点击生成统计图按钮。

5. 按出版地统计

在“统计条件筛选”区域,在下拉菜单中选择“按出版地统计”,再点击生成统计图按钮。或者直接输入出版地直辖市或省份的完整名称(多个出版地用分号分隔),再点击生成统计图按钮。

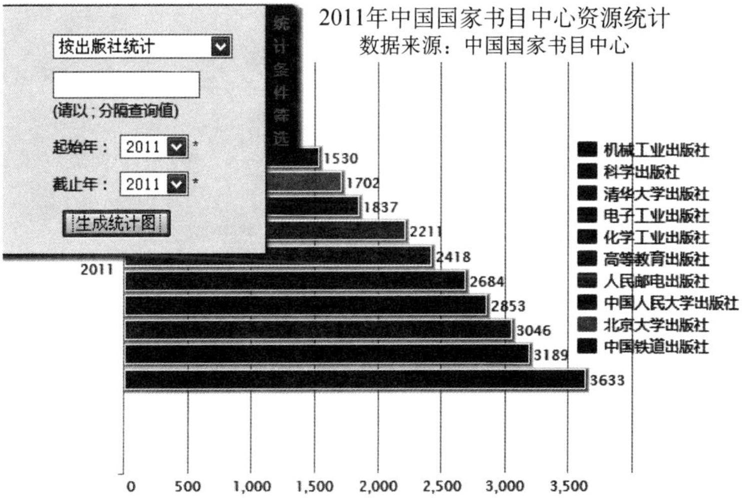

图 17　按出版社统计国家书目

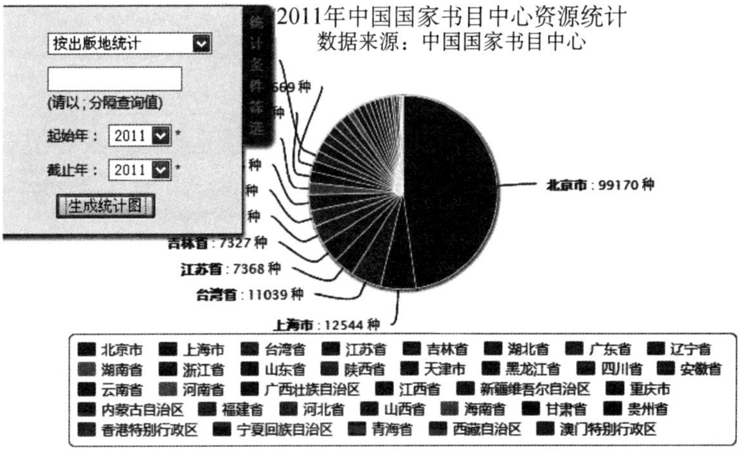

图 18　按出版地统计国家书目

6. 按分类号统计

在“统计条件筛选”区域,在下拉菜单中选择“按分类号统计”,勾选分类号,再点击生成统计图按钮。或者直接输入分类号（多个分类号用分号分隔），再点击生成统计图按钮。

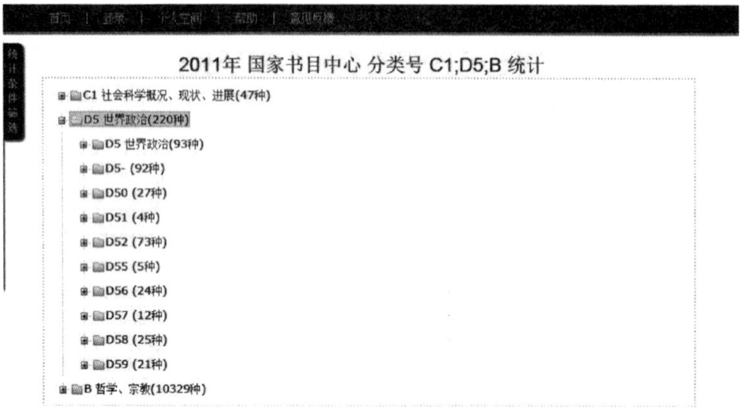

图 19　按分类号统计国家书目

7. 周更新书目

在“服务推介”栏目中，点击“周更新书目”，进入周更新页面。点击历史周更新书目记录，下载历届周更新书目 PDF 文件，若浏览器已安装 PDF 插件，则可在页面自动查看。

图 20　国家书目周更新服务

8. 查缺补藏服务

在“服务推介”栏目中，点击“图书馆查缺补藏服务”，进入查缺补藏服务页面；

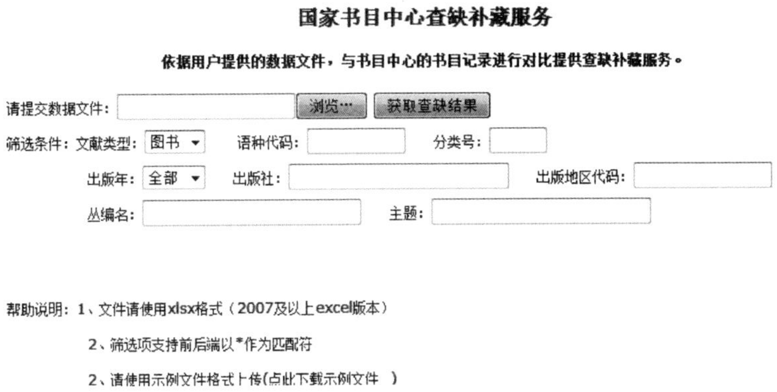

图 21　查缺补藏服务 1

在“帮助说明”中点击“点此下载示例文件”，查看查缺文件数据内容格式(要求第一列放置待查缺的 ISBN 列表，其他列可选填，且文件大小小于 1MB)。

按照格式修改要提交的数据文件，点击浏览，上传数据文件。

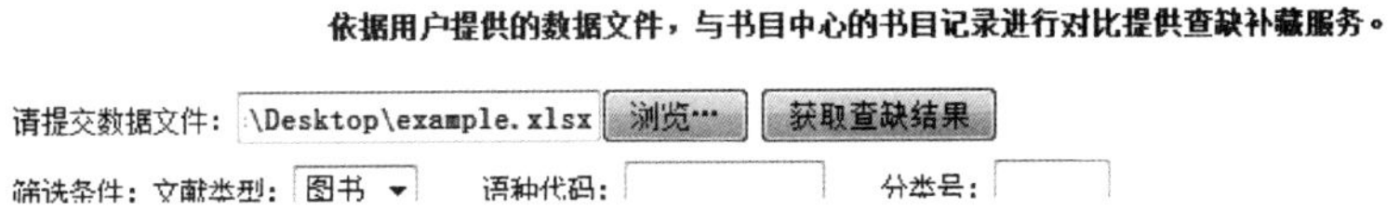

图 22　查缺补藏服务 2

选择筛选条件，例如下图表示数据文件将与文献类型为图书，2009 年出版，以及语种代码为“eng”的书目数据进行比对，支持关键词前后应加“ * ”作为匹配符。

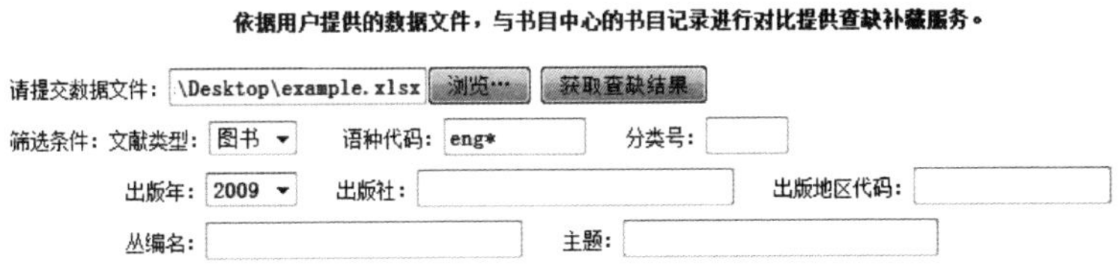

图 23　查缺补藏服务 3

点击获取查缺结果，下载对应文件。

点击查看“共有文件”及“缺藏文件”，内容如下：

图 24　查缺补藏服务 4

类别	ISBN	ISSN	ISRC	题名	资源类型	出版地代码	出版地	出版社	出版年	分类号	再版文献	语种
已藏资源	9780321493040			Internati	图书		Boston, M	Addison-W	2009			eng
已藏资源	495553395			Psycholog	图书		Australia	Wadsworth	2009			eng
已藏资源	9780495505358			Psycholog	图书		Australia	Wadsworth	2009			eng
已藏资源	495505358			Psycholog	图书		Australia	Wadsworth	2009			eng
已藏资源	470316314			Designing	图书		San Franc	Jossey-Ba	2009			eng
已藏资源	7115195218			The art c	图书		Beijing	Post & Te	2009			eng
已藏资源	470287160			The trave	图书		Hoboken,	John Wile	2009			eng
已藏资源	1422147622			India's g	图书		Boston, M	Harvard E	2009			eng
已藏资源	9781422140789			India's g	图书		Boston, M	Harvard E	2009			eng
已藏资源	1422140784			India's g	图书		Boston, M	Harvard E	2009			eng
已藏资源	9787115195210			嵌入式系约	图书	110000	北京	人民邮电出	2009	TP311.1		eng
已藏资源	7115195218			嵌入式系约	图书	110000	北京	人民邮电出	2009	TP311.1		eng
已藏资源	978711519521			嵌入式系约	图书	110000	北京	人民邮电出	2009	TP311.1		eng

图 25　共有文件

类别	ISBN	ISSN	ISRC	题名	资源类型	出版地代码	出版地	出版社	出版年	分类号	再版文献
本馆缺藏	470192356			Advanced	图书		Hoboken,	Wiley : I	2009		
本馆缺藏	470696893			Cognitive	图书		Chicheste	Wiley	2009		
本馆缺藏	7302190224			Developir	图书		Beijing	Tsinghua	2009		
本馆缺藏	9780230222151			Derivativ	图书		New York	Palgrave	2009		
本馆缺藏	9781439800690			Integrate	图书		Boca Rat	Taylor &	2009		
本馆缺藏	470714336			Wind ener	图书		Chicheste	John Wile	2009		
本馆缺藏	470537442			The futur	图书		Hoboken,	Wiley	2009		
本馆缺藏	521518423			The three	图书		Cambridge	Cambridge	2009		
本馆缺藏	9.78052E+12			The three	图书		Cambridge	Cambridge	2009		
本馆缺藏	521732301			The three	图书		Cambridge	Cambridge	2009		
本馆缺藏	7500122039			Sense and	图书		Beijing	China Pub	2009		
本馆缺藏	7500122047			A tale of	图书		Beijing	China Pub	2009		
本馆缺藏	7500122004			Pride and	图书		Beijing	China Pub	2009		
本馆缺藏	7802119537			Uncle Tom	图书		Beijing	Central C	2009		
本馆缺藏	7802119588			The scarl	图书		Beijing	Central C	2009		
本馆缺藏	195328558			The fat t	图书		New York	Oxford Ur	2009		
本馆缺藏	1847081320			False daw	图书		London	Granta Bo	2009		
本馆缺藏	71632514			Super tra	图书		New York	McGraw-Hi	2009		
本馆缺藏	745329446			Inequalit	图书		London ;	Pluto Pre	2009		
本馆缺藏	9.78075E+12			Inequalit	图书		London ;	Pluto Pre	2009		
本馆缺藏	745329438			Inequalit	图书		London ;	Pluto Pre	2009		
本馆缺藏	7507420655			The story	图书		Beijing	China Cit	2009		
本馆缺藏	7507420639			The story	图书		Beijing	China Cit	2009		
本馆缺藏	7300105300			Understar	图书		Beijing	China Ren	2009		
本馆缺藏	7500122012			Jane Eyre	图书		Beijing	China Tra	2009		

图 26　缺藏文件

除此之外，网站还链接了 CIP 核字号服务和期刊出版机构验证服务，以便不同用户查询的需要。

在中国国家书目门户上线的同时，瑞典、匈牙利、英国、德国、西班牙、法国、日本和韩国等多家国家图书馆相继将国家书目或规范数据发布为关联数据，供多方利用，使得国家书目的服务突破了图书馆甚至是同业的围墙，由封闭的数据变为了开放的数据。这让我们不得不思考中国国家书目的未来，我们是否也可以用开放的心态、创新的勇气拥抱“大数据时代”，抓住历史赋予我们的机会，将所拥有的书目资源当作互联网汪洋里的一滴水让它在更广阔的空间肆意释放自己的能量。数字时代的国家书目如果仅局限在图书馆，它的价值将大打折扣，甚至可能自取灭亡，就跟MARC在图书馆的生存环境类似。如果有那一天，国家书目与上游供应商（包括网络运营商）和出版机构（包括数字出版商）的合作是否会更便捷，打造中国可供书目的梦想是否能更进一步；如果有那一天，国家书目与版权管理机构或其他知识产权机构的合作是否将更为紧密深入，一站式的版权登记和管理，作者的所有知识产品都可以在国家书目的平台得到立体化呈现；如果有那一天，国家书目与公众是否能真正的零距离，不单是直接服务，而是通过更多的第三方机构利用国家书目与之核心业务的数据交互提供服务使用户受益。联合、开放、共享将是未来一段时间中国国家书目努力探寻的方向，这也是数字时代的中国国家书目所必须具备的特质。

下篇　中国国家书目的 FRBR 化服务

第五章　FRBR 的内涵和价值

第一节　FRBR 的主要内容

国际图联（IFLA）于 1998 年出版《书目记录的功能需求》（Functional Requirements for Bibliographic Records，简称 FRBR），2009 年 2 月发布新版，构建了一个以作品为基础的具有层次结构的书目概念模型，并推荐了由国家书目机构创建的核心书目记录标准。作为一种实体—关系模型（Entity-Relational Model，简称 E-R 模型），FRBR 运用事物和关系的概念，来解释书目记录中抽象的资源架构。它从书目世界中提炼了三组用户所关心的实体、每个实体的属性、实体间发生的各类关系，提供了一个使书目记录中的数据与用户需求之间产生关联的结构化框架，也为资源的描述、组织、定位提供了完整的思考框架。

FRBR 模型中，书目记录被定义为与图书馆目录和国家书目中描述的各种实体相关的数据集合。该数据集合包含 ISBD 中定义的资源描述的数据单元，个人、团体、题名、主题等作为检索点和索引的数据单元，分类号、附注等组织记录的数据单元以及索书号等具体的馆藏数据信息①。FRBR 的内容主要分为两大部分：实体关系模型和基本层级的国家书目记录标准。

一、FRBR 第一部分内容：实体关系模型

第一部分 FRBR 概念模型，以实体、属性、关系三个元素为基础构建框架，将书目世界的事物予以抽象描述。实体是书目世界的事物，是书目记录用户关心的主要对象，包括有形实体和无形实体。属性是实体的识别特征。关系是描述一个实体和其他实体之间链接的表达工具。属性与关系都是书目记录的数据元素，是资源描述的关键，可以映射到机读目录格式（Machine-Readable Catalogue，简称 MARC）所定义的元素。

① 书目记录的功能需求最终报告［EB/OL］.［2017－05－02］. https://www.ifla.org/files/assets/cataloguing/frbr/frbr-zh.pdf.

FRBR将书目记录的实体分为三组,起初定义了共10个实体。第一组实体是FRBR研究的核心内容,包括作品(Work)、内容表达(Express)、载体表现(Manifestation)和单件(Item),是书目记录描述的知识或艺术创作的产品,属于资源。第二组实体和第三组实体重点在规范记录中被记载,不是FRBR模型的研究重点。其中,第二组实体包括个人(Person)和团体(Corporate Body),是对知识或艺术内容负责的实体,属于责任者,与第一组实体是责任关系,也是需要加以控制的名称规范。第三组实体作为知识或艺术创作的主题,包括概念(Concept)、实物(Object)、事件(Event)和地点(Place),是需要由主题词表、分类法控制的主题规范(另外也包括作为研究对象的名称规范)。

1.第一组实体

第一组实体中,作品是独特的知识或艺术创作,是抽象的最高层面,反映了编目资源的概念精髓。作为一个抽象的实体,作品并不对应一个单独的物质对象。内容表达是作品的知识或艺术创作得以实现的方式,可以通过字母、数字、文字、声音、图像、音符、动作、物体等形式或这些形式的组合实现①。内容表达没有物化到具体的物理形式,仍然是一个相对抽象的实体。载体表现是作品内容表达的物理体现,比如一个特定的出版形式,反映了书目记录中出版者、出版地、出版日期等信息。单件是载体表现的一个样本,也可以说是一个载体表现的实际复本(包括物理或电子复本)。单件所反映的信息包括馆藏位置(实际或虚拟的)、索书号、条码等。例如:曹雪芹所著的《红楼梦》是一部作品;中文版或英文版的红楼梦是内容表达;纸本或电子版的红楼梦是载体表现;国家图书馆收藏的某一本红楼梦是单件。

FRBR第一组的四个实体是一个由抽象到具体的层次结构。将作品定义为一个实体,可以给抽象的知识或艺术创作命名并描绘关系,有利于更清晰地理解和揭示作品与作品之间的关系,有助于更好地实现目录的汇集功能②。将内容表达定义为一个实体,能够区分同一作品的不同实现方式,揭示作品与其特定内容表达之间的关系。内容表达作为第二层次的实体起承上启下的作用,不仅与作品有着密不可分的关系,还可以汇集载体表现。但作品与内容表达之间的界线,有时很难准确界定。比如当一部作品被修改产生了衍生作品,如何判定衍生作品是原作品的一个新的"内容表达"还是作为一部新作品。为此,FRBR对作品的界定给出了两个判断标准:

---

① 朱青青,毛雅君.英国国家书目FRBR化研究及启示[J].国家图书馆学刊,2014(6):79-85.

② 吴丽坤,殷洁.文献编目理论研究[M].北京:中央编译出版社,2013:123.

第一,当一部作品的知识或艺术内容与另一部作品有显著不同,以至成为一部独立的作品;第二,当一部作品的改编涉及显著程度的独立的知识或艺术创作,被看作是新的作品。但正如 FRBR 中所述,作品的概念是抽象的,所以依然很难确定这个实体的准确界线。对于是什么构成了一部作品,以及一部作品与另一部作品之间的分界线在哪里,不同文化、不同机构、不同人员之间的看法可能大相径庭。载体表现和单件则都是储存内容的物理对象,是作品和内容表达的具体化表现,是具体的两个实体。目前,书目描述主要基于载体表现层。

2. 第二组实体

第二组实体中,个人包括已故的和健在的人。团体是作为一个整体进行活动的一组人或一个组织,可包括:①临时组织的团体和以会议、大会、代表大会、探险、展览、节日、博览会等形式构成的集团;②国家、地区、地方政府等领土管辖机构的组织;③仍然履行职责和已经解散或不存在的团体和组织;④虚构的团体和组织[①]。

在 FRBR 中,个人和团体只在如下两种范围内作为实体看待:一是对作品的创作或实现负责的个人和团体,二是作为作品主题的个人和团体。将个人和团体定义为实体,最主要的目的是使我们能够以始终如一的方式命名与识别个人和团体,而不必考虑个人和团体的名称以何种形式出现在资源上。

3. 第三组实体

FRBR 同样规定,概念、实物、事件、地点只有作为作品主题时,才作为实体看待。其中,概念是一个抽象的观念或思想,涵盖了可以成为作品主题的范围广泛的抽象事物,包括知识领域、学科、思想学派、理论、过程、技术、实践等。实物是一种物质的事物,包括自然界存在的有生命和没生命的物体、由人类创造产生的产品、不再存在的实物等。事件是行动或发生的事情,包括历史事件、时代、时期等。地点是一个场所,包括地球上或地球外的、历史的或当代的、地理特征的与行政管辖权特征的场所[②]。

4. 属性和关系

FRBR 的所有实体均有其属性,可概括为两种:一种是实体内在固有的、与生俱来的属性,包括外部特征(例如图书尺寸)和标识信息(例如出现在题名页的说明文字)。这种属性一般可以通过审阅实体本身来确定。另一种是外来的、为实体的指

---

① 朱青青,孙凤玲. FRAD 与中文名称规范控制之研究[J]. 国家图书馆学刊,2012(2):19－22.

② 书目记录的功能需求最终报告[EB/OL].[2017－05－02]. https://www.ifla.org/files/assets/cataloguing/frbr/frbr-zh.pdf.

定识别属性(例如作品的题名)。这种实体的属性通常要参考外部来源来确定。

作品的属性包括题名、形式、日期、其他区分特征、适用对象、背景等。内容表达的属性除题名、形式、日期、其他分区特征、背景之外,还包括语言、可扩展性、可修改性、使用限制等。载体表现的属性则涵盖了书目记录中的主要著录项目和著录单元。单件的属性包括标示符、出处、展览历史、处理历史、处理日期、访问限制等。个人和团体具有名称、日期、标识的属性。概念、实物、地点和事件仅有一个属性,就是描述它们的名称,而这些属性都是规范控制的主题范围。在某些情况下,给定实体的属性会不时地发生变化,例如连续出版物的“载体数量”会随着新卷期的出版而发生变化。所以,定义属性并不是具体定义书目记录的数据单元,属性只是从用户角度出发提取的一个用来表现实体特征的术语。

FRBR 将关系作为帮助用户在书目、目录中“航行”的手段。FRBR 第一组实体之间的关系,描述的是一种高层次关系,是 FRBR“实体—关系”模型结构的核心。即一部作品可以通过一个或多个内容表达实现,一个内容表达可以体现于一个或多个载体表现,一个载体表现又可以以一个或多个单件为代表。第一组实体之间的关系体现了从作品到单件之间自上而下的层次关系、从抽象到具体的关系、从概念到物质的关系。除此之外,第一组实体间的其他关系还涉及下列四种:①作品与作品的关系,如:翻译、改编、谱曲等。②整体与部分的关系,可分为非独立部分和独立部分。非独立部分,如:章、节、期刊中的某一卷和某一期,文章中的插图,影片中的声音。独立部分,如:丛编中的专著、论文集中的文章。③内容版本关系,如:节本、缩节版及修订版。④载体版本与单件的关系,如:合订、拆开、复制①。这四种关系都是书目记录中常见的关系且是需要着重描述的关系。

第二组实体与第一组实体体现的是责任关系。两组实体关系的链接关键词是“创作”“实现”“生产”“拥有”。即对作品的知识或艺术内容负有责任的个人或团体就是作品概念的责任者。对作品的内容表达负有责任的个人或团体,是内容表达的实现者。与载体表现发生关系个人或团体特指对该载体表现的出版、发行、制作或生产负责的个人或团体。而与单件发生关系的个人或团体则是指拥有该单件的个人或团体。第三组实体与第一组实体体现的是主题关系,实际上 FRBR 的三组实体都可以作为第一组实体的主题。

---

① 张慧珠. FRBR 与 BIBFRAME 发展[EB/OL]. [2017 - 11 - 15]. http://catweb.ncl.edu.tw/portal_g13_cnt.php?button_num = g13&folder_id = 40.

二、FRBR 第二部分内容：基本层级的国家书目记录标准

FRBR 的第二项功能是为国家书目机构创建的记录推荐一个基本功能级别和基本数据需求。其目的是允许国家书目机构在必要时创建低于完全级的记录，而同时又能保证编制的所有记录能满足基本的用户需求，以降低书目机构的编目成本。FRBR 定义的用户范围包括读者、学生、研究人员、图书馆员以及出版商、书商及外包代理商等所有信息链的相关人员。用户涵盖了数据制作者（图书馆和书目机构）与使用者（最终用户和信息中介）。

FRBR 首先将关于用户查询国家书目或馆藏目录的工作分为四个层面——查找、识别、选择、获取，并倡导将其作为四个用户任务。其中，查找（find），即查找符合用户查询条件的实体；识别（identify），即确认描述的实体是否符合目标实体，以区分具有相似特征的实体；选择（select），即选择适合用户需求的实体；获取（obtain）是取得符合用户描述的实体。为完成上述四个基本层次的功能，FRBR 将实体属性和实体关系与用户任务之间一一进行了映射，进而评估实体的属性及关系对于实现用户任务的价值。与此同时，FRBR 在此基础上对基本层级的国家书目记录需求进行了推荐。

基本层级的国家书目记录主要支持完成前三项用户任务，一般不反映单件的数据。基本层级的国家书目必须有可以用来确认资源的基本元素。其中，基本元素是指必须记载的项目，代表的是书目记录中最常见的属性和关系。与此同时，FRBR 还阐述了基本层级的国家书目记录的元素，可分为两大类：描述性元素和组织性元素。描述性元素包含题名和责任说明项、版本项、出版发行项、载体形态项、丛编项、附注项及标准号码项记录。组织性元素包含题名、责任者、主题、分类号等检索点。

第二节　FRBR 的价值

FRBR 的核心价值主要体现在两个方面：一是将书目记录中的元素重组，通过分层来建立书目记录之间的关系，改变了原来扁平的书目记录结构，搭建了一个可以产生关联的框架，可以起到书目和文献资源聚合的作用。二是提供一个资源描述的立体化框架，改变了传统资源描述的单一结构。这个框架不仅能在作品和内容表达层级上组织记录并展示记录间的关系，还能引导元数据之间的互相映射，规范在作

品、内容表达、载体表现各个层面的元数据互操作①。具体而言，FRBR 的价值集中体现在两个层面。

一、目录层面

书目是目录应用的基础。书目的架构和书目记录的内容会影响目录查询的效率。传统的目录查询以“点”到“点”的模式为主，查询效率低，难以为用户提供有价值的关联书目信息。FRBR 则从用户需求的角度对面向未来的目录功能及其实现提出了完整的构想。它的理念促使我们重新思考目录的功能，在目录层面产生两个重要启示：一是要建立满足用户需求的书目记录，加强书目的增值应用，将目录建设为资料库而非卡片目录的复制②；二是要提升目录的查询检索、辨识、聚合、导航连接的功能，让用户通过目录查询，能够获得更加完整而多元的信息。

FRBR 的实体—关系分析方法为用户提供了一个更加友好的立体化框架，一个可以对存储、显示、交流书目记录的目录结构进行重新审视的框架。这种框架提供了满足用户需求的结构，将实体的属性和关系同用户在查询书目记录时所期望得到的查询结果联系起来，可以优化目录组织，改善目录显示的效果。FRBR 所关注的实体与属性关系是书目记录产生关联的基础，将目录推向另一种精细化的层次，在查找、识别、选择、获取以外，还能发挥“知识导引”的作用。它能够在书目数据库中建立顺序，借助实体间关系，将线性的书目数据库变为书目记录之间的纵横关系网③，能够为用户提供更多相关信息，帮助用户更好地理解书目世界，让用户依需求航行在书目世界中。

二、规则层面

FRBR 模型从更高层次上创新了编目理念，将原有的线性描述方法改为分层描述，将编目从注重资源的载体形式转变为注重资源的内容，改变了原来编目模式只针对具体载体表现层进行编目，转变为注重揭示作品与内容表达层的信息。FRBR 对编目对象所涉及的各类实体进行了区分，对这些实体的不同属性及属性之间的关系进行了深入分析，详细考察了书目记录生命周期中的各个过程及其与各类使用者

---

① 吴丽坤，殷洁. 文献编目理论研究[M]. 北京：中央编译出版社，2013：175，188.

② 张慧珠. FRBR 与 BIBFRAME 发展[EB/OL]. [2017 – 11 – 15]. http://catweb. ncl. edu. tw/portal_g13_cnt. php? button_num = g13&folder_id = 40.

③ PISANSKI J，ZUMER M，AALBERG T. Frbrisation towards a bright new future for national bibligraphies[J]. KBC，2010，39(1)：3 – 6.

之间的密切联系,从而能够从内容和形式两方面涵盖几乎所有可作为编目对象的文献。

FRBR 为探讨书目记录的结构和关系提供了新的视角,为探索书目领域的新方法、制定新的书目标准和编目规则提供理论依据,同时也对传统的以文献类型为纲的编目规则提出挑战,在国际编目界引起了巨大反响。FRBR 对《国际编目原则声明》(*Statement of International Cataloguing Principles*,简称 ICP)、《国际标准书目著录》(*International Standard Bibliographic Description*,简称 ISBD)、《英美编目条例》(*Anglo-American Cataloguing Rules*,简称 AACR)都产生了深远的影响。为了与基本层级的国家书目保持一致,ISBD 依据 FRBR 的最终报告做了修订。IFLA 根据 FRBR 的思想,对 ICP 进行了丰富和发展,采用了与 FRBR 一致的术语表达,其目录的目标与功能也与 FRBR 的用户任务基本保持一致。AACR 的继承者《资源描述与检索》(*Resource Description and Access*,简称 RDA)是一个贯彻 FRBR 的编目规则。RDA 的内容和结构安排与 FBRR 概念模型相一致,并全面支持 FRBR 的查找、识别、选择和获取的用户任务。

尽管 FRBR 对于编目工作具有重大价值,但在实践过程中尚未得到充分展现,究其原因在执行过程中存在三个方面的障碍:一是 FRBR 被认为是非常抽象和理论性的模型,对作品与内容表达的界线不够分明、易有不同的诠释。二是它既不是编目规则,也不是书目格式,没有规定具体应该怎么做。对 FRBR 的一个最为常见的误解就是将它看作是一个元数据方案或一套编目规则。实际上它只不过是一个理论模型,需要在编目规则中加以阐释。而且,每一种实施将取决于系统的设计。三是缺乏成熟的应用系统。FRBR 需要要有更多的实践应用,才能获知模型本身有待改进之处。

第三节 FRBR 模型的发展演变

1990 年,国际书目控制暨国际机读目录格式核心活动(Universal Bibliographic Control and International MARC Core Activity,简称 UBCIM)建议修订国际性的核心书目记录标准。1992 年成立了 FRBR 研究小组。1995 年完成 FRBR 研究报告草案。1998 年 IFLA 正式出版此报告。

由于 FRBR 关注的重点是书目记录的内容和检索点,研究主要围绕第一组实体的四个层面及其属性和关系,对后两组实体的研究并不深入。为了使 FRBR 模型可以覆盖至名称规范数据和主题规范数据中涉及的实体以及这些实体间的关系,加强对书目记录的规范控制，IFLA 以 FRBR 架构为基础，分别扩展建立了第二组和第三组实体关系模型，发展了 FRBR 家族的另外两个概念模型——《规范数据的功能需求》(*Functional Requirements for Authority Data*，简称 FRAD）和《主题规范数据的功能需求》(*Functional Requirements for Subject Authority Data*，简称 FRSAD）。除 FRAD、FRSAD 之外，FRBR 家族的衍生模型还包括为描述连续性资源制定的面向对象的概念模型 FRBRoo 和 PRESSoo。

FRAD 的最终报告于 2009 出版，主要关注包括个人、家族、团体、题名等名称规范数据，为体现责任关系的规范数据提供明确定义的结构框架。FRAD 定义了 16 个实体，其中 10 个实体是以 FRBR 的三组核心实体为基础，并在第二组实体中加入了家族(family)这一实体；另外 5 个实体分别是名称(name)、标识符(identifier)、受控检索点(controlled access point)、规则(rules)、机构(agency)。

FRSAD 于 2011 年出版，旨在提供定义清楚与结构化的主题规范数据参考框架。其主要研究书目记录主题的规范控制，包括书目数据中的主题词、地理名称等的规范控制。FRSAD 只定义了 2 个实体：主题(thema)和主题表述(nomen)。主题指一件作品主题的任意实体，对应 FRBR 和 FRAD 中的三组核心实体。主题表述指任何一个已知、被引用、被标记的主题的符号或符号序列。

FRBR、FRAD、FRSAD 三个模型虽然全部建立在实体与关系模型的架构上，但三个模型各有不同的观点。为消除三个模型因各自独立发展所导致的歧义，形成统一模型，国际图联推出了 FRBR、FRAD 及 FRSAD 的整合修订版，于 2017 年 3 月正式发布了 IFLA 图书馆参考模型(IFLA Library Reference Model，简称 IFLA-LRM)。IFLA-LRM 是统一版的 FRBR 家族概念模型，依然采用实体、属性、关系的实体关系模型语言，旨在解决模型间的矛盾与冲突，使其更好地应用于书目世界。作为书目世界的高层级概念模型，其有意成为建构编目规则及实施书目系统的指引和基础，支持并推动关联数据环境下的书目数据使用。IFLA-LRM 引入父类(superclass)和子类的(subclass)的概念，仅包括 11 个实体，弃用并重新定义部分实体，但 FRBR 的第一组实体仍然是 LRM 的核心。唯一一个顶层实体是 Res(Latin for thing)，为 FRSAD 实体 thema 的一般化，意指书目世界的任何物质、事物、概念①。其他 10 个实体都是 Res 的直接或间接子类实体。IFLA-LRM 一共描述了 36 种关系，比 FRBR 更强调关系，允许属性与关系互换使用，即属性可由关系来实现。

---

① 袁硕. FR 家族概念模型统一版——《FRBR 图书馆参考模型》初探[J]. 数字图书馆论坛，2017(1):31-36.

第六章　FRBR 化服务概况

第一节　FRBR 化的缘起

图书馆以其独特的 MARC 格式承载了大量的书目记录，在搜索引擎技术不断改变目录用户查找习惯之际，MARC 因其严谨扁平的架构而难以在网络环境呈现复杂的语义及书目实体的多层次关系①，书目记录内容主要针对载体表现层面的描述，欠缺作品和内容表达层面的描述。在资源的内容、形式、载体等日趋多元化的今天，书目记录不仅要揭示资源，更要考虑如何描述书目之间的关系从而寻找到一种更易于用户查找和浏览资源的方式。目录检索系统也不应局限于查询的孤立端点，而需要将书目记录与网络环境下更多的资源整合在一起。基于书目实体关系制定的 FRBR 模型，提供了一种对书目记录的当下理解。它突破了传统编目中书目记录概念的单一性和平面性，将以往孤立存在的书目记录构建成以作品为核心、相互关联的一组书目记录②，书目记录之间、书目记录中各元素之间可以相互关联，能够整合同一作品的不同内容表达和载体表现，以更好地满足用户的查询需要。

受限于现有的书目标准和系统，在当前的编目实践中完全采用基于实体属性关系结构的 FRBR 模型是相当有难度的。首先，对图书馆来说，面对传统文献的客观揭示需要和已经积累的书目量级，将现有的数量可观的 MARC 记录通过将 FRBR 引入编目规则，重新编目、直接制作 FRBR 原型的书目记录几乎是不可能的。其次，若要尝试将 FRBR 模型直接套用于书目制作的流程中，不仅有赖于对编目规则的重新修订，还有赖于图书馆是否拥有能实现 FRBR 实体关系的连接与显示功能的系统。截至目前，尚无成熟的、可操作的系统支撑 FRBR 编目实践的开展。再次，MARC 格式不能直接表达 FRBR。MARC 书目记录关注的主要是载体表现实体，难以从架构上直接呈现书目实体之间的关系。

---

① 严鼎忠，许静芬. 融合处理多元媒体的书目系统[C]//第 77 届国际图联大会论文集，2011.

② 也可能是书目记录中的各元素之间存在关联关系。

但是,以 FRBR 的理念更为合理地利用我们现有的书目记录是完全可能的[1]。MARC 书目记录虽然关注的主要是载体表现实体,但也包含 FRBR 模型其他实体的信息以及实体之间的关系。MARC 的某些数据字段包含 FRBR 模型的其他实体的信息,并且实体之间的关系经常源自 MARC 记录文本和一些编码字段。与此同时,现行 MARC 记录的价值并未因诸多批评而被完全抹灭,图书馆界努力地进行 MARC 延伸运用,对 MARC 格式不断加以修订,尝试将 FRBR 架构套用 MARC 书目记录,试图以 MARC 呈现作品的连接。基于这一背景,联机计算机图书馆中心(Online Computer Library Center,简称 OCLC)提出了一个新的理念"FRBR 化"(FRBRization),即以现有书目记录为基础实现 FRBR 的核心理念,也就是从现有的书目数据中提取 FRBR 概念。

在这种背景下,为实现书目的集中展示和体现 FRBR 理念的 FRBR 化兴起;将一组书目记录转化成符合 FRBR 需求的过程,通常被称为 FRBR 化[2]。所谓 FRBR 化,也是指利用实体的属性和关系特征,从现有的基于载体表现的书目记录中查找和提取 FRBR 实体的过程[3]。利用以前的编目记录查找和提取 FRBR 实体的过程,意味着从现有的基于 MARC 书目记录中抽取实体及实体的属性和实体之间的关系,通过对传统书目记录进行比对,把相同或规范化过的数据进行聚类,以提前进行索引计算的方式把书目记录整合在一起,集中展示书目记录。任何 FRBR 化尝试的出发点都是识别代表一部作品的全部书目记录,然后是识别这组作品内的潜在的内容表达和载体表现。实施 FRBR 化的最终目的是帮助用户获取所有相关资源,这些资源按照作品聚合的形式呈现,使用户能够在海量数据中易于识别和选择。研究人员已验证了将 MARC 记录转换为 FRBR 概念模型结构的可能性,以及帮助图书馆改善系统设计以实现 FRBR 化 OPAC 显示和索引的可能性。

FRBR 和 FRBR 化之间明显的区别是:FRBR 模型中的数据是以关系的方式建立连接的,数据中的各项关联已事先建立好,系统中可以直接展开的调用只是统计一下关联的个数,在用户检索时,系统直接调用这些关联关系,检索结果会以整个 FRBR 的框架展示;FRBR 化则是在事先没有关联的数据中,通过对相关字段建立索引,

---

① PEPONAKIS M,SFAKAKIS M,KAPIDAKIS S. FRBRization:using UNIMARC link fields to identify works[C]//World Library and Information Congress:77th IFLA General Conference and Assembly,San Juan,Puerto Rico,13 - 18 August,2011.

② 陈琦. FRBR 及其在国内应用的障碍[J]. 图书馆杂志,2006,25(10):16 - 18.

③ AALBERG T,ZUMER M. The value of MARC data,or,challenges of Frbrisation[J]. Journal of Documentation,2013,69(6):851 - 872.

事先统计出所有需要关联的数据,在用户检索时进行展示。如果 FRBR 最终可以成为图书馆书目记录应用的主流模型,那么 FRBR 化就是在 FRBR 成为主流之前的一种用户体验的增强。

第二节 FRBR 化服务的应用概况

自 FRBR 诞生以来,IFLA 一直在积极倡导其实施,图书馆界也在积极探讨其应用价值。自 1997 年起,就有学者进行 FRBR 应用的相关研究,其应用的领域也主要凸显在两个层面:一是图书馆的规则层面,二是图书馆的目录层面。

规则层面,主要体现在通过重建元数据的基础架构,将 FRBR 引入编目规则,尝试将其导入更宽广多元的工具、标准或协定中进行利用。FRBR 在规则层面最为知名的应用是 RDA。RDA 完成了"编目意识"的转变,继承了 FRBR 家族的书目世界观,将书目资源划分为多个概念层次,规定了如何描述书目世界中的实体及其间关系的指引。自 RDA 开始将 FRBR 纳入考虑范围之日起,意味着 FRBR 在图书馆界得到了更多的认可和赞赏。FRBR 希望帮助编目员更好地理解他们所要做的以及为什么要这么做,这反过来也能更好地引导并服务用户。

目录层面,集中体现在图书馆目录的 FRBR 化(FRBRization of a library catalog)的应用上,以提升图书馆的书目查询、检索及呈现方式,加强既存目录的书目关系。本节主要从目录层面梳理 FRBR 化在国内外的应用概况。

一、国外应用概况

早期的 FRBR 化应用研究主要集中在欧美和澳大利亚等国的图书馆。OCLC 是 FRBR 化最早的研究者,也是通过 FRBR 化提高用户查询体验的先驱。它一方面尝试将已有资源聚合成为"作品",参照 FRBR 思想分层次地表现相关作品;另一方面尝试将所有与某一特殊文献、某一文献的多种表示形式、基于同一文本的不同版本以及特殊的单项相关的记录集合组织在一起,希望向书目使用者展示作品、内容表达、载体表现或单件之间的关系,使同一个作品与其相连接的内容表达、载体表现和单件之间的层次关系清晰可见。

"WorldCat Work Pages"①是 OCLC 推出的一个涵盖 1000 部作品的 FRBR 化研究

---

① 参见 http://www.oclc.org/content/dam/research/events/2009/06-01h.pdf。

项目。该项目应用 FRBR 模型的原则汇集载体表现层以上的书目信息,利用算法将书目记录聚合为作品,将书目记录的数据元素在作品层面汇集,形成了比单条书目记录更为丰富和更为完整的资源描述,揭示同一个作品与其相连接的内容表达、载体表现之间的层次关系。除此之外,OCLC 还推出了基于 FRBR 的原型系统 FictionFinder,以及 FRBR 化的应用项目 xISBN、作品集聚类算法等。

具体来看,FictionFinder 是将 WorldCat 中的 290 万条小说文学类书目记录以纸本图书、电子图书、有声资料等分类方式提供浏览和检索。xISBN 是一项以 ISBN 号聚合同一作品不同版本的 Web 服务,将 WorldCat 中经处理的同一作品的 ISBN 聚合在一起,只要查到其中任何一个 ISBN,就会把其他 ISBN 对应的图书一起呈现。作品集聚类算法(WorldCat Work-Set Algorithm)是 OCLC 尝试大规模 FRBR 化的项目之一,是将 FRBR 作品概念应用于 WorldCat,尝试预估 WorldCat 中作品的数量,并从抽取的作品了解作品的重要特质。通过选择适当的题名和名称的结合,并且利用匹配技术克服数据中的句法差异和其他的差异,尝试查找属于同一作品的载体表现记录集。该算法已被 WorldCat 使用,用于帮助提高 *WorldCat. org* 和 *WorldCat Local* 的检索性能。总体来看,OCLC 在第一组实体上的算法不仅仅非常成熟,而且还在其网站上直接公布了算法的全部内容,供其他机构参考使用,目前为止 OCLC 提出的算法应该是 FRBR 化的主流算法。

最早展示 FRBR 化应用的是美国研究图书馆集团的“红绿灯”(*RedLightGreen*,简称 RLG)联合目录。RLG 是一个 FRBR 化的大型 Web 书目数据库,它将 FRBR 的第一组实体的四个层次简化为“作品和版本(这里指载体表现)”两个层次,其目录搜索结果显示的是作品,而不是一般 OPAC 的载体表现。为此,美国国会图书馆开发了一套将 MARC 记录以 FRBR 形式显示的工具。FRBR 显示工具[①]利用 FRBR 模型来分类和排列书目记录,将书目记录归入作品、内容表达、载体表现三个实体层次,其最终目的是帮助用户从图书馆馆藏中选择单件。

较早的 FRBR 化应用项目还有澳大利亚国家图书馆和 8 所大学图书馆合作建设的澳大利亚文献信息门户(*The Australian Literature Gateway*,简称 AustLit[②])项目。AustLit 不是简单复制一个澳大利亚国家图书馆的藏书记录数据库系统,而是构建一个更丰富、更能体现澳大利亚文学领域脉络内容的数据库。AustLit 在文学领域建立起针对三组实体进行扩展应用的数据库系统。它运用 FRBR 模型扩展了对于作品、

---

① 参见 http://www. loc. gov/marc/marc-functionalanalysis/tool. html。

② 参见 http://www. austlit. edu. au。

作品间关系、创作者和一般主题(topics)的描述,提供了关于作者生平、职业方面的翔实资料以及与该作品相关的其他作品信息。

欧洲图书馆(The European Library)FRBR 化项目尝试将不同图书馆使用的 MARC21 和 UNIMARC 记录 FRBR 化,以整合 48 所图书馆 35 种语言的书目资料来提供通用的馆藏检索点。测试集由描述诺贝尔文学奖的作品组成,处理过程是大量使用规范文档的记录,分解与第一组实体相关的个人、团体关系种类的责任说明,然后利用技术手段提取 FRBR 实体。该研究方法是假设所有记录都是针对简单的载体表现,即所有的载体表现仅仅具体表现为一个内容表达,但即使这样,结果呈现的仍然是一个相当低质量的作品识别。

希腊的爱奥尼亚大学开展了一个利用 UNIMARC 连接字段识别作品的 FRBR 化项目,这个项目使用古希腊作家的样本记录作为测试集,这个测试集的主要特征是拥有多语种数据,没有共同的规范文档,并且执行的是各自不同的编目政策。选择古希腊作家的作品是因为经典作家的作品拥有许多的内容表达和载体表现,能够较好地测试 FRBR 化的成效。为了避免有争议的结果,在样本记录中,人工排除了所有描述作品片段或多作品装订在一册的记录。但该项目的执行效果依然不佳,主要原因之一是缺乏识别作品的统一题名。

挪威的 BIBSYS FRBR Project 将概念化的 FRBR 模型导入图书馆目录,分析、发展、评估自动提取 FRBR 实体、属性、关系的方法。BIBSYS 是挪威一家专注 IT 发展和技术操作的专业机构,于 2012 年引进以色列艾利贝斯有限公司(ExLibris)的 Primo 系统,2013 年又签约了该公司的 Alma 统一资源管理系统。西班牙国家图书馆创建的 *datos. bne. es*[①] 是最接近 FRBR 核心理念的扩展性应用。该网站是一个以 FRBR 作为参考模型的关联数据服务网站,提供了一个不同于传统 OPAC 查找和显示书目数据的方法。网站能够以 FRBR 框架自上而下地展开数据,充分整合了西班牙国家图书馆的资源,并且利用外部资源丰富本地数据,从而提供了一个全新的书目导航体验。

国家书目因为具备相对完整的覆盖面,通常拥有数量庞大的作品,这些作品通常都有多个内容表达和载体表现,且目录体系更加完整,拥有较高水平的编目质量和相对较高的一致性数据[②],引入 FRBR 概念的优势显而易见。英国、澳大利亚、斯

---

① 参见 http://datos. bne. es。

② PISANSKI J,ZUMER M,AALBERG T. Frbrisation towards a bright new future for national bibligraphies[J]. KBC,2010,39(1):3 -6.

洛文尼亚等国家书目已经支持 FRBR 化的展示应用，尝试将书目之间的关系以易于用户查找和浏览的聚合检索方式呈现。后文会详细介绍英国国家书目 FRBR 化展示服务和 OCLC WorldCat FRBR 化展示服务的相关内容。

概括而言，国外 FRBR 化应用项目主要分为两类：第一类是基于 FRBR 框架重建目录数据库的试验性应用项目。这类试验性项目的主要目标是希望能更好地理解书目记录和其所代表的书目对象之间的关系，研究判断出书目记录中的信息是否足够可靠地识别 FRBR 实体，并期望开发可用于评估 FRBR 化算法的数据集。第二类是实现书目显示和索引 FRBR 化的规模化应用项目。这类项目旨在提升用户的查询体验，止于在同一平面切换各种查询结果的范围，实现引导用户从立体化的实体关系的关联呈现中，获得各种层次的资源和信息需求。

二、国内应用概况

自 FRBR 出版以来，如何在书目中实践 FRBR，如何构建新一代 FRBR 化 OPAC，逐渐成为国内编目领域研究的热点。以下分别对我国大陆和台湾地区的 FRBR 化应用情况进行介绍。

大陆实施的 FRBR 化应用，初衷基本是以“作品”这一实体集中书目记录，FRBR 化应用项目可以分为两类：一类是基于 FRBR 模型构建书目检索系统的研究型项目，这类研究的测试集数据量较小，介于几百至几千条之间，与图书馆的海量数据相去甚远，且对数据的处理需要较多的人工干预。鉴于 FRBR 的相关研究和实践表明，书目关系越复杂的作品更能体现和验证 FRBR 模型的有效性①。因此 FRBR 化试验项目，通常会优先选择那些关系复杂的经典作品作为试验数据集。因为经典作品不仅拥有较多的内容表达和载体表现，而且会产生较多的衍生作品。由这些作品的书目记录组成的数据集，能够测试 FRBR 化算法的成效，能够验证相关作品之间、相关内容表达之间、载体表现和单件之间等起作用的关系。

大陆的试验性研究项目以国家图书馆开展的“国家书目中 FRBR 化展示的应用研究”和“数字资源整合”项目为代表。前者通过抽取全国图书馆联合编目中心中外文数据库中关于《红楼梦》各种题名形式的书目数据，以实现两个试验目的：一是根据对红楼梦这部作品标注的实践，结合 FRBR 中给定的作品和内容表达的定义和属性，给出界定作品和内容表达边界的标准；二是总结现有数据在进行 FRBR 化改造和

---

① KIM J，MOON J. Korean books and FRBR：an investigation[J]. Program：Electronic Library and Information Systems，2010，44(3)：215－228.

处理时存在的问题，以便日后制定更优化和更完善的数据制作规则。后者以关汉卿、莫言、哈代等中外名人作品作为试点实现了 FRBR 化的展示效果。其采用方法是依靠编目员对作品及相关书目数据进行渊源考辨和关系梳理，再通过建立必要的作品和内容表达层的规范记录，并与书目记录实现有效连接①。

另一类则是采用相对成熟的资源发现系统，将图书馆的大量元数据采取系统默认的 FRBR 化算法集中发布。如中国国家书目门户网站、上海交通大学图书馆的“思源探索”、清华大学图书馆的“水木搜索”。这三个项目都是在以色列艾利贝斯有限公司(ExLibris)的 Primo 资源发现系统的基础上引入 FRBR 理念，分层次地表现相关作品。这些项目开展的一般步骤是：首先是分析数据经过规范化处理之后，质量情况是否满足 FRBR 需求，并在此基础进行 FRBR 建模，经过反复验证最终设定匹配规则，并将规则编写成 Primo 程序；然后系统根据匹配规则对各类元数据进行匹配；最后系统根据对不同元数据的匹配进行数据聚合或去重。系统会将认为属于同类资源或相同资源的元数据进行聚合。后文会详细介绍 Primo 系统算法等相关内容。这类项目确切地说是类 FRBR 化项目，主要是采用借鉴 FRBR 理念的资源发现系统来整合图书馆的元数据。

台湾地区则是将编目的发展趋势朝向以 FRBR 的架构建立书目关系、建立书目与规范间的关联，并以 FRBR 的理念构建了一个融合处理多元媒体的书目系统“台湾书目整合查询系统”(Synergy of Metadata Resources in Taiwan，简称 SMRT)(http://metadata.ncl.edu.tw)②。该系统建置之初就希望既要能处理书目间整体与部分的纵向关系，也要能处理书目彼此间衍生的横向关系；希望建立作品与作品、作品与作者间的关联，形成用户一般书目检索或延伸查询的资源。台湾方面认为书目彼此间的横向关系是建立汇集、聚合作品的重要指引，因此在进行 SMRT 书目系统建置时，将书目的横向关系分析成三个面向：

(1)关联作品面：由一个作品所衍生出来的内容表达或载体表现的各种单件。类型有载体(如电子书、各式档案等)、体裁(漫画、电影、舞台剧等)、适读对象(儿童、视障等)、版本(内容修订、变异)、语种(各种不同语种的翻译版本)等。

(2)内容加值面：是就特定作品的内容进行演绎、解说所产生的单件作品，或是对该作品的推荐或剖析性质的各种单件。类型有白话、注解，荐赏、导读，文选、语

---

① 朱青青. FRBR 化的应用现状及编目环节的应对策略[J]. 图书馆杂志，2017(2)：46－55.

② 严鼎忠，许静芬. 融合处理多元媒体的书目系统[C]//第 77 届国际图联大会论文集，2011.

汇,书评、评论,推广简介文宣,电视专辑节目等。

(3)作品影响面:是指特定作品与其他作品的关系,或是受到他人的推荐与肯定,所散发出来的影响力。类型有引文、被引、作品获奖记录、列为某一阅读书单、阅读心得或竞赛、征奖的制定作品等。

无论大陆还是台湾地区的 FRBR 化应用,注重的都是在图书馆目录的基础上借由编目工作及系统的索引功能,依据用户的查询习惯,提供作品级的 FRBR 化服务。但是由于缺乏规范数据等数据支撑,书目之间的关系揭示还有待加强。

以贯彻 FRBR 理念为主旨的 FRBR 化应用实践活动在国际图书馆界已经取得不少成果。但 FRBR 化应用项目的开展也面临着诸多问题和挑战。通过对不同国家 FRBR 化的应用现状和问题分析发现,该项实践在作品与内容表达识别、关系揭示和呈现、书目数据结构化和规范化方面仍存在问题。将现有的基于载体表现的书目记录转化为 FRBR 化的书目记录,最基本的问题是如何识别作品和内容表达这两个实体①。在对书目记录进行数据挖掘和实体提取时,难点之一是作品和内容表达的界定问题。属于同一作品的不同内容表达还是属于一部新的作品,两者之间的界线有时非常模糊。

---

① LEE H,PARK Z. FRBRizing bibliographic records focusing on identifiers and role indicators in the Korean cataloging environment[J]. Cataloging & Classification,2012(6):689 - 704.

第七章　书目系统 FRBR 化服务案例分析及启示

第一节　英国国家书目的 FRBR 化服务

以创造性、资源性、高效率为特征的英国国家图书馆（也称为大英图书馆）是全球信息的储藏库之一。在其领导之下，英国国家书目在 FRBR 化展示服务方面也较早地进行了开拓。下面将对这方面的情况进行分析。

一、数据范围

英国国家书目收录了自 1950 年以来在英国和爱尔兰出版发行的新书和连续出版物，涵盖印刷型和电子型两类出版物。2003 年之前，英国国家书目主要以印刷型出版物为主。2003 年之后，随着电子出版物纳入法定呈缴的范围，国家书目的范围也囊括了电子出版物，包括各类离线出版物（如 CD-ROM、DVD-ROM）、在线出版物（如电子图书、电子期刊）和其他非印刷资料（如数据集、网页）。这些出版物由工作人员依据《英美编目条例（第二版）》（*Anglo-American Cataloguing Rules, Second Edition*，简称 AACR2）进行编目，书目记录采用 MARC21 格式。自 2013 年起，英国国家书目编制全面采用《资源描述与检索》（*Resource Description and Access*，简称 RDA），并且每年提前发布约 5 万条 CIP。

英国国家书目记录中的名称形式采用规范文档，其中使用最为广泛的是美国国会图书馆“名称规范合作计划”（Name Authorities Co-operative，简称 NACO）的规范文档。主题标引采用美国国会图书馆主题词表（Library of Congress Subject Headings，简称 LCSH），分类标引采用杜威十进分类法（Dewey Decimal Classification，简称 DDC）。

英国国家书目记录的显示项目包括题名、作者、贡献者、主题、出版细节、语种、版本、标识号、物理描述、附注、相关作品、丛编、馆藏、文献类型等，如表 8 所示：

表 8　英国国家书目的显示项目及其对应字段说明

题名	Title	对应 245 字段——题名说明
作者	Author	对应 100 字段——主要款目—个人名称
贡献者	Contributor	对应 700、710 等字段——附加款目—个人名称、附加款目—团体名称
主题	Subjects	对应 6XX 字段——主题检索字段
出版细节	Publication Details	对应 260 字段——出版发行项
语种	Language	对应 008 字段——定长数据元素(一般信息)的字符位置 35—37
版本	Edition	对应 250 字段——版本说明
标识号	Identifier	对应 020 字段——国际标准书号 ISBN 对应 015 字段——国家书目号 对应 001 字段——记录控制号
物理描述	Physical Description	对应 300 字段——载体形态
附注	Notes	对应 5XX 字段——附注字段
相关作品	Related Work	对应 700、710 含有$t 子字段
丛编	Series	对应 490 字段——丛编说明
单件馆藏	Item Holdings	对应 852 字段
文献类型	Material type	对应图标 FMT

概括而言,英国国家书目的数据范围涵盖传统文献和数字文献的书目数据、CIP 数据,涉及名称规范数据、主题规范数据以及馆藏数据,并采用 Primo 系统。

二、FRBR 化展示服务内容

英国国家书目涵盖的文献类型(Material type)包括图书(Books)、期刊(Journals)、报纸(Newspapers)、文本资源(Text Resources)、地图(Maps)、乐谱(Scores)、论文(Theses)、电影(Moving Image)、研究数据集(Research Dataset)、其他(Other)。文本资源属于连续出版物,主要指活页出版物。与此同时,它将文献类型设置为检索项之一,以图标而非术语的形式进行显示。

英国国家书目 FRBR 化的书目检索结果与传统的书目检索结果一样都会显示文献类型、题名与责任说明、作者、出版等信息(见表 9)。表 9 中"N 相关资源"体现了其 FRBR 化的核心理念,是将同一作品的 N 条相关书目记录予以聚合,从而改变了原有书目记录逐条、割裂的显示方式。如用 Gulliver's travels 进行题名检索,某条检索结果的列表下，即乔纳森·斯威夫特所著的《格列佛游记》(*Gulliver's travels*，by Jonathan Swift)，共有 76 条书目记录聚合在一起。对于具有相同题名但作者不同，或者以原著为基础进行改编、改写的作品，都被视为新的作品，代表其作品的书目记录不与原著的书目记录聚合在一起。检索结果的部分 FRBR 化展示效果如图 27 所示。

表 9　FRBR 化展示效果

<table>
<tr><td rowspan="4">文献类型
(图标显示)</td><td>题名与责任说明信息</td><td rowspan="4">N 相关资源
(N 条相关资源的书目记录)</td></tr>
<tr><td>作者信息</td></tr>
<tr><td>出版信息</td></tr>
<tr><td>详细信息(可展开)</td></tr>
</table>

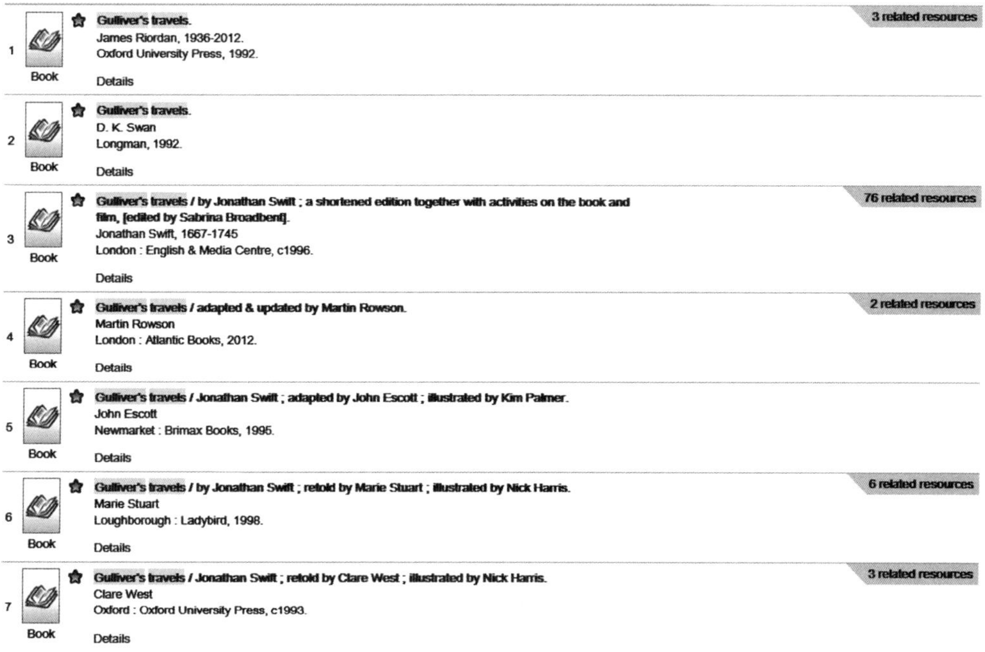

图 27　Gulliver's travels/by Jonathan Swift 部分检索结果

基于 FRBR 化的理念，英国国家书目在一定程度上实现了属于同一作品的跨文献/多载体类型、多语种、多版本/印次、多卷书的书目记录的聚合。FRBR 化的书目聚合效果因文献类型的不同存在差异性。总体而言，图书、期刊、文本资源这三种文献类型展示出较好的 FRBR 化书目聚合效果，报纸、地图、乐谱等文献类型只有少数书目实现了 FRBR 化的聚合。下面对这些不同类型进行考察。

1. 跨文献/多载体类型

跨文献/多载体类型的书目聚合是指将属于同一作品的不同文献类型或不同载

体类型的书目进行聚合。英国国家书目不使用一般资料标识(General Material Designation,简称 GMD),对文献类型的划分,较多根据出版类型,而较少根据载体类型。它将纸本书与电子书视为同种文献类型"图书",纸本期刊与电子期刊也属于同种文献类型"期刊"。根据 FRBR 第一组实体的划分,跨文献类型可能会涉及同一作品的相同的内容表达,比如将一篇博士论文未做改动出版为一部专著;也可能会涉及同一作品的不同的内容表达,这里不同的内容表达往往是指内容表达的形式发生变化,比如从纸本书转变为有声读物。多载体类型同样可能涉及相同的内容表达,比如从纸本书转变为电子书;也可能涉及不同的内容表达,比如从纸本书转变为有声读物。无论是对跨文献类型还是多载体类型的书目聚合,英国国家书目都只能实现对同一作品的相同内容表达的不同载体表现的书目聚合。

例 1:题名为 Business,the internet and the law 的书目下聚合了 3 条记录,其中一条记录的文献类型为图书(Book),另两条记录的文献类型为文本资源(Text Resource)。如图 28 所示:

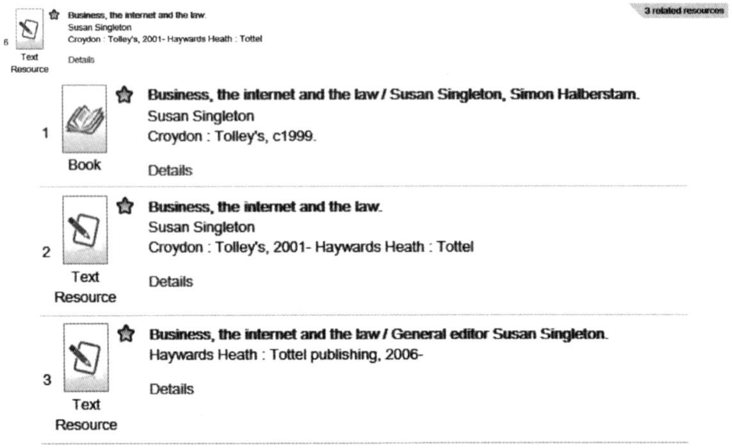

图 28 跨文献类型文献的聚合

例 2:同一种图书载体形式不同,纸本书与电子书的书目记录聚合在一起。如图 29 所示:

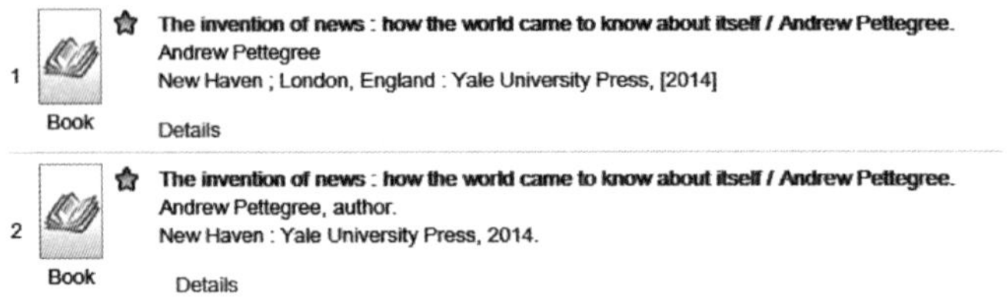

图 29 多载体文献的聚合 1

例3:同一种期刊载体形式不同,纸本期刊与电子期刊记录聚合在一起。如图30所示:

图30　多载体文献的聚合2

2. 多语种

多语种作品涉及从一种语言翻译成另一种语言,因为表达作品的语言的不同而产生不同的内容表达。英国国家书目展示的多语种书目聚合,实现了属于同一作品的不同内容表达的不同载体表现的书目聚合,即实现了内容表达这一层次的书目聚合。它采用分面的方式,将不同语种的书目分别聚合展示。

例1:汇集了3条不同语种(英文、法文、德文)的书目记录。如图31所示:

图31　不同语种文献的聚合1

例2:原著以英文出版的图书,汇集了2条英文原著、1条德文译著、1条西班牙文译著的书目记录。如图32所示。

3. 多版本/印次

多版本/印次可能涉及不同内容表达的不同载体表现,也可能涉及同一内容表达的不同载体表现。如果因版本不同而使内容发生变化,属于不同的内容表达;如果只是因为出版机构或出版时间等不同，而内容无变化，则属于同一内容表达的不同载体表现。英国国家书目对于多版本/印次的聚合，选择忽略内容表达这一层次，直接将同一作品的不同载体表现的书目聚合在一起。

图 32　不同语种文献的聚合 2

例 1：版本不同的 9 条记录聚合在一起。如图 33 所示。

例 2：用 hong lou meng 检索，某条检索结果的列表下，共有 15 条书目记录聚合在一起。具体分析这 15 条 MARC21 记录，其中涉及多版本、多印次又是多卷书的 9 条记录聚合在一起。另外，使用不同题名 A dream of red mansions、The story of the stone、The dream of the red chamber 的 3 条记录聚合在一起。如图 34 所示。

4. 多卷书

按照 FRBR 的理解，多卷书属于作品层次中的整体/部分关系。作品的整体/部分关系有两个范畴：从属部分和独立部分。从属部分一般没有可区别的名称/题名，如果不依赖更大作品，一般是很难识别的。独立部分通常有可区别的名称/题名。例如，连续出版物的卷期属于从属部分，丛编中的单行出版物则属于独立部分。如果将多卷书整体视为一个作品，那么多卷书的各个组成部分则又分别构成了不同的作品。因此，对多卷书的书目进行聚合，实际上是属于作品集的聚合。

英国国家书目 FRBR 化的聚合类型不包含作品集的聚合，因此对多卷书未做聚合处理。早期书目因为分辑号和分辑题名直接著录在 245$c 责任说明子字段，而没有著录在 245$n 和$p 子字段，造成部分多卷书聚合在一起，如图 35 所示。

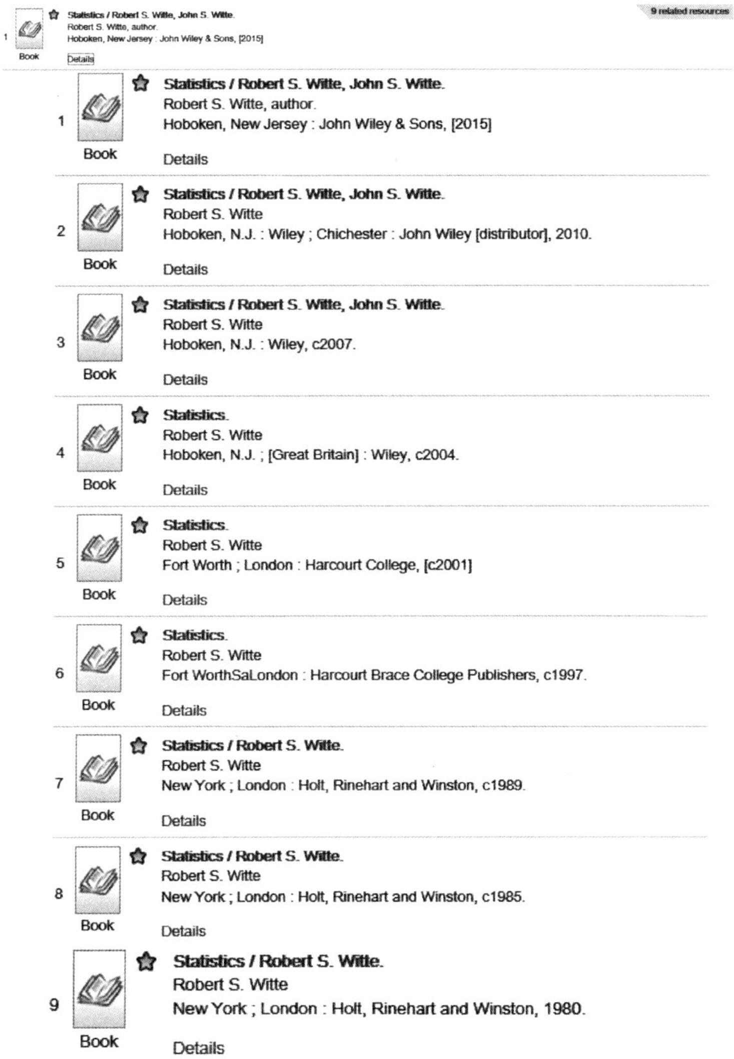

图 33 多版本文献的聚合

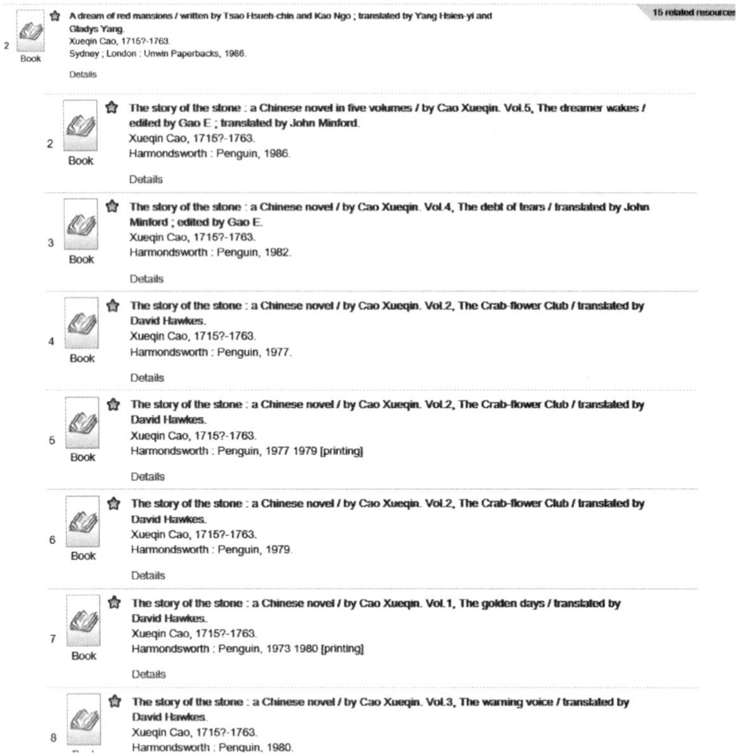

图 34　多版本、多版次文献的聚合

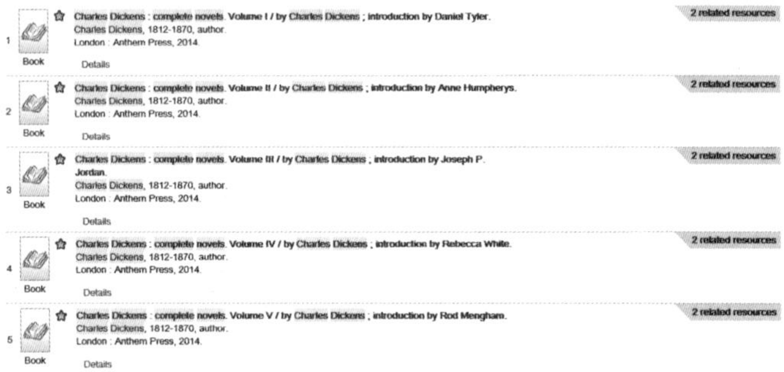

图 35　多卷集的聚合

三、FRBR 化算法及数据映射

英国国家书目通过系统提取对用户任务具有高度重要值的实体属性和关系来实现 FRBR 化的书目聚合。根据其 FRBR 化展示情况，并结合大量的书目记录调研，下面将着重从作品的识别与内容表达的识别和汇集两个关键方面来分析英国国家书目 FRBR 化算法及数据映射。

1. 作品的识别

作品的识别主要依据作品的题名以及作品与第二组实体之间的关系(如责任者与责任说明)。也就是通过统一题名或者通过题名与责任者相关字段内容的比对与匹配,并辅助于规范文档,将同一作品的书目记录进行聚合。

一部作品往往以不同的题名(形式、语言等有差别)出现,就题名而言,首先要区分作品题名与载体表现题名的差异。书目机构通常选择其中一个题名作为"统一题名",统一题名可将具有不同题名的同一作品的各种形式在目录中集中在一起,被视作是作品题名。而我们通常说的题名,往往是指载体表现的题名,即出现于载体表现本身的题名,以及那些为了书目控制的目的而分配给载体表现的题名(如翻译题名)。统一题名对于作品的识别是非常有价值的,如果没有统一题名,记录中使用的其他题名对于识别作品而言是一个不太可靠的来源,因为这些题名反映的都是载体表现的题名。责任说明是指出现于载体表现,对作品的创作或实现负有责任的一个或多个个人或团体名称的说明。

一部作品的责任者也会以不同的责任者形式(载体表现的责任者,形式、语言等有差别)出现,书目机构可以制作名称规范,选定一个规范形式的责任者,名称规范可将具有不同责任者形式的同一作品的各种形式在目录中集中在一起。题名与责任者组合并辅助规范文档对于识别作品来说是非常有价值的。

英国国家书目采用 MARC21 格式,采用主要款目字段,如果主要款目是统一题名,那么 130 字段内容相同的所有书目记录会自动聚合在一起;如果主要款目是著者名称,那么会将 100/110 责任者字段与 245/240 等题名字段组合匹配,著者和题名组合起来会使属于同一作品的记录聚合在一起;如果无主要款目字段,则采用 700/710 与 245/240 等题名字段进行匹配(见表 10)。采用主要款目字段容易将基于某作品的改编作品、衍生作品与原作品划分开来,分别进行聚合展示。

表 10　识别作品涉及的题名与责任者字段

识别作品	
题名字段(MARC21)	130 主要款目——统一题名
	240 统一题名
	245 题名说明
	246 变异题名
	247 先前题名

续表

识别作品	
责任者字段（MARC21）	100 主要款目——个人名称
	110 主要款目——团体名称
	700 附加款目——个人名称
	710 附加款目——团体名称

2.内容表达的识别和汇集

英国国家书目除在处理多语种的FRBR化展示之外，基本忽略内容表达层次的书目聚合。FRBR中阐述将相关内容表达汇集在一起的最有效的方法，是把每个内容表达同它所实现的作品联系起来，从而间接地把一部作品的内容表达联系起来。一部作品可能存在许多译本，不是在该作品的单个内容表达之间（即译本与作为译本基础的文本之间）确立直接关系，而是通过把其中的每一个内容表达同作品实体相联系，从而间接地将作品的所有其他文本和译本联系起来①。因此，对于多语种作品的不同内容表达的汇集，除语种字段之外，统一题名字段非常重要，统一题名才能够将不同译本与作品相联系。

同一作品不同语言形式的内容表达的识别和汇集主要是通过008编码字段的语种、041语种代码、240统一题名字段的匹配。

FRBR中阐述将相关内容表达汇集在一起的最有效的方法是把每个内容表达同它所实现的作品联系起来，从而间接地把一部作品的内容表达联系起来。一部作品可能存在许多译本，不是在该作品的单个内容表达之间（即译本与作为译本基础的文本之间）确立直接关系，而是通过把其中的每一个内容表达同作品实体相联系，从而间接地将作品的所有其他文本和译本联系起来。因此，对于多语种作品的不同内容表达的汇集，除语种字段之外，统一题名字段非常重要，利用统一题名才能够将不同译本与作品相联系。

英国国家书目中译著的书目记录几乎都有240统一题名字段，记录中有041字段就会有240字段，并且240的题名通常会选取原著语种的题名形式。

四、应用系统

英国国家书目采用的是Primo系统。Primo是ExLibris公司开发的图书馆统一

① 朱青青，毛雅君.英国国家书目FRBR化研究及启示[J].国家图书馆学刊，2014(6)：79-85.

资源发现与获取门户系统,在资源整合时借鉴了 FRBR 的作品的思想,支持 FRBR 化的展示。当同一本书或同一篇论文有多个版本时,默认显示一个版本,同时提供其他版本或分册的查看选项。Primo 能够为用户提供分面浏览/搜索,允许用户在搜索之前设置文献类型、语种、主题等限定条件,也可以对搜索的结果按照文献类型、语种和相关度等来浏览。Primo 还提供丰富的页面结果排序功能,包括按照相关性、最新日期、受欢迎度、作者、题名等的排序。

五、启示

英国国家书目 FRBR 化同样也面临着大多数 FRBR 化项目已确认的挑战,包括:如何识别现有 MARC 记录中的作品和内容表达以及与合适的作品和内容表达相关的个人、团体,如何识别体现于一个载体表现的所有作品和内容表达(如作品集、合订书),如何识别其他的关系(如作品的整体与部分、连续、变化等关系)。这些挑战和经验为中国国家书目 FRBR 化提供了诸多启示。

1. 以 FRBR 标准和理念实现作品的界定和作品集层次的聚合

FRBR 对作品的界定给出了两个判断标准:第一,当一部作品的知识或艺术内容与另一部作品有显著不同,以至成为一部独立的作品;第二,当一部作品的改编涉及显著程度的独立的知识或艺术创作,被看作是新的作品。但在实践过程中,对于是什么构成了一部作品,以及一部作品与另一部作品之间的分界线在哪里,不同文化、不同机构、不同人员之间的看法可能大相径庭。正如 FRBR 中所述,作品的概念是抽象的,所以很难确定这个实体的准确界线,比如对改编作品与源作品之间改编程度的界定、多卷书是否算作同一作品等相关问题。对于这些问题,英国国家书目给出了一些参考建议。

英国国家书目的 FRBR 化展示情况表明,该项目除在处理跨语种的 FRBR 化展示之外,几乎选择忽略内容表达这一层次的书目聚合。正如大多数 FRBR 化项目总结到,由于许多书目数据库一贯不包含实现一个内容表达的个人或团体的准确信息,因此内容表达的识别是一个问题,也因此,许多 FRBR 化项目选择省略内容表达层面或仅仅处理基于形式或语言的内容表达的聚合。另外,许多载体表现实际上体现两个或多个内容表达,出版物包含多个内容表达也是 FRBR 化项目很少探究的一个主题。

英国国家书目在 FRBR 化过程中对改编作品的认定标准如下:如果改编者被视为作者,那么改编作品即被视为新作品,其书目便不会与原作品的书目聚合在一起;如果改编者只是被视为贡献者,改编作品的作者依然是源作品的作者,即说明改编程度未达到新作品的标准。在我国当前的编目实践中,对改编作品知识责任的界定不够规范,对作者与贡献者、主要责任者与次要责任者的判断缺乏合理的依据,通常只是按照文献信息源上客观著录的顺序划分主次责任者。除此之外,由于我国文献信息源上多样化的责任方式,并且责任方式的著录也缺乏统一的标准,从而进一步增加了作品界定的难度。这是在未来编目过程中应着重改进的方面之一。

按照 FRBR 的理解,多卷书属于作品层次中的整体/部分关系。作品的整体/部分关系有两个范畴:从属部分和独立部分。从属部分一般没有可区别的名称/题名,如果不依赖上属作品,一般是很难识别的。独立部分通常有可区别的名称/题名。例如,连续出版物的卷期属于从属部分,丛编中的单行出版物则属于独立部分。如果将多卷书整体视为一个作品,那么多卷书的各个组成部分则又分别构成了不同的作品。因此对于多卷书的书目进行聚合,实则上是属于作品集的聚合。英国国家书目的 FRBR 化聚合类型不包含作品集的聚合,因此对多卷书的书目未做聚合处理。早期书目因为分辑号和分辑题名直接著录在 245$c 责任说明子字段,没有著录在 245$n 和$p 子字段的缘故,而造成部分多卷书书目聚合在一起。

对于多卷书是否算作同一作品,其实英国国家书目在 FRBR 化中已给出明确的答案。FRBR 认为多卷书的整体与其各卷册之间的关系属于作品与作品之间关系的一种——整体与部分关系。英国国家书目的 FRBR 化严格遵循了这一标准,未将其聚合。但从用户角度来看,多卷书的书目若能够聚合在一起,是利于其浏览、选择并获取相关资源的。尤其是各卷册之间聚合在一起才具有完整的逻辑性(如《资本论》),或时间上有较强的承继性(如年鉴类),这类多卷书聚合在一起是比较有意义的。可以说,多卷书各卷册之间的独立性是一个重要的划分标准。对这一类型的作品,可借鉴 FRBR 的理念,尝试对作品集做一定程度的聚合处理。

2. 以作品层为主、内容表达层为辅的聚合策略

英国国家书目 FRBR 化的聚合处理以作品层为主、内容表达层为辅。跨文献类型可能涉及不同的内容表达,也可能涉及同一内容表达的不同载体表现。跨文献类型涉及不同的内容表达,往往是指内容表达的形式发生变化,比如从纸本书转变为有声读物;涉及同一内容表达的不同载体表现,通常是指内容表达的形式未发生改变,但载体类型发生变化,比如从纸本书转变为电子书。英国国家书目展示的跨文献类型的聚合,主要是指实现属于同一作品的相同内容表达的不同载体类型的书目聚合。在对多版本/多印次的聚合处理上,忽略了同一形式但内容文本上存在的差异,也不在内容表达层进行聚合处理。只有在对多语种的书目处理时,做了基于不同语种的内容表达层的聚合。

英国国家书目实践再次证明了大多数 FRBR 化项目已总结过的一点：内容表达的识别是一个问题。因此大多数 FRBR 化项目选择省略内容表达层面或仅仅处理基于形式或语言的内容表达的聚合。存在这一问题的原因是多方面的：第一，有些内容表达的差异只有通过对内容表达进行更为详细的分析与比较才会显现出来，很难在基于载体表现的数据中反映出来；第二，许多书目数据库一贯不包含实现一个内容表达的个人或团体的准确信息；第三，许多载体表现实际上体现两个或多个内容表达；第四，有些内容表达的差异对用户而言不重要。

多语种作品涉及从一种语言翻译成另一种语言，因为表达作品的语言的不同而产生不同的内容表达。英国国家书目展示的多语种书目聚合，实现了属于同一作品的不同内容表达的不同载体表现的书目聚合，即实现了不同内容表达这一层次的书目聚合，采用分面的方式，将不同语种（language）的书目分别聚合展示。

多版本可能涉及不同的内容表达，也可能涉及同一内容表达的不同载体表现。如果因版本不同而使内容发生变化，就属于不同的内容表达；如果只是因为出版机构或出版时间等不同，而内容无变化，则属于同一内容表达的不同载体表现。英国国家书目对于多版本的聚合，选择忽略掉不同内容表达这一层次的书目聚合，直接将同一作品的不同载体表现的书目聚合在一起。

那么未来在实施中国国家书目 FRBR 化时，可不必将内容表达层的聚合作为重点，仅需考虑基于语言或形式的内容表达的聚合。目前，编目工作对语种的著录和检索处理已非常规范化，所以基于语言的内容表达的聚合已能够实现。但对内容表达形式的描述和检索还缺乏统一规范化的处理，这是未来需要突破的部分。

3. 采用规范文档保证书目聚合的技术可行性

英国国家书目普遍采用规范文档，规范控制范围涉及个人、团体、题名、主题。引入规范文档，可以辨识在文献中以不同名称形式和不同语种出现的责任者和题名，为聚合同一作品的书目记录创造良好的条件。英国国家书目聚合的技术路径也表明，统一题名对于作品的识别非常重要。但是要确认是否属于同一作品，单靠题名信息显然是不够的，还需要责任者名称。

目前，我国大多数编目机构采用的责任者名称通常是照录文献信息源上的形式。名称规范工作不普及，编目中缺乏足以信赖的名称规范文档。另外，面对出版中同作异名、翻译中同名异译的普遍现象，编目中针对这些作品却较少采用统一题名字段，也不重视题名规范。因此，为保证书目聚合在技术上具有可行性，需要改进现有规范工作，扩大规范控制范围。

第二节　OCLC WorldCat 书目系统的 FRBR 化服务

OCLC 于 2001 年开始致力于 FRBR 及其应用研究，希望通过对海量书目数据库编制自动 FRBR 化转化算法，使其推广应用于 WorldCat 之外的书目数据库。OCLC 开展了六项相关项目，测试将海量书目数据库转化为 FRBR 结构的可行性，总结 FRBR 化中的相关问题并利用 FRRB 化数据构建原型服务。以下从数据范围、FRBR 化系统相关功能及展示服务内容、FRBR 化算法及数据映射和启示四个方面对 OCLC WorldCat FRBR 化展示服务进行介绍。

一、数据范围

WorldCat 是 OCLC 开发的世界上最大的联机联合目录数据库，从 1971 年建库到现在，包含近 72 000 家成员图书馆的书目记录及馆藏信息，收录 485 种语言总计约 21 亿条记录，其中书目记录 3 亿多条①。WorldCat 资源类型丰富，包括图书、手稿、地图、乐谱、报纸、期刊等，载体类型有音频、视频、电子资源、计算机文件等。

OCLC 从 WorldCat 中抽取出 290 万条小说、文学类的书目记录构建了基于 FRBR 的原型系统 FictionFinder，在此基础上对 WorldCat 中 4800 万书目数据进行大规模 FRBR 化。其中，有图书馆的馆藏数据和多类型数字化资源，包括电子书、音频、视频等；书目数据采用 Unicode 字符集和 MARC21 格式；OCLC 还利用美国国会图书馆 NACO 的个人和题名名称规范对 FRBR 模型的作品进行识别聚类，对书目记录中的名称进行控制，并用 LCSH、DDC 和 LCC（Library of Congress Classification，国会图书馆分类法）分别对资源进行主题和分类揭示。

二、FRBR 化展示服务内容

1. 第一组实体的 FRBR 化展示

OCLC 对书目记录仅在作品层进行聚合。OCLC 早期研究了怎样将作品划分为各个内容表达，得出的结论为基于现有的书目记录难以识别 FRBR 模型的内容表达层，他们放弃对该层实体的揭示，直接将书目记录（载体表现）在作品层进行识别和聚合。

---

① A global library resource[EB/OL]. [2014-06-01]. http://www.oclc.org/worldcat/catalog.en.html.

第一组实体的 FRBR 化展示包括三类界面①：

(1)作品层的 FRBR 化展示。书目数据 FRBR 化后作品层显示不同形式(一部作品经过艺术形式的转化后将成为新的作品，如图书、视频、音乐类的作品)的相关作品，作品的展示包括题名、责任者、作品形式和包含的载体表现集合的数量。如用题名 To kill a mockingbird 进行检索，结果有 4 种形式的相关作品(如图 36 所示)，包括图书、电子书、音乐、视频，这些作品的展示又包含题名、责任者、作品形式和载体表现集合的数量。

图 36　To kill a mockingbird 相关作品的展示

(2)作品载体表现层的 FRBR 化展示。载体表现的展示包括版本细节、日期、语种、格式和馆藏数量等。如选择图书形式的 To kill a mockingbird，有 571 个载体表现，具体展示如图 37 所示。其中，在版本细节中添加了附加款目的贡献者，以揭示内容表达层的信息；OCLC 载体表现展示的默认顺序为馆藏数量(由高到低)，该系统还可以点选展示项对载体表现进行相关排序，还提供这些载体表现的 XML、CSV 格式的下载。

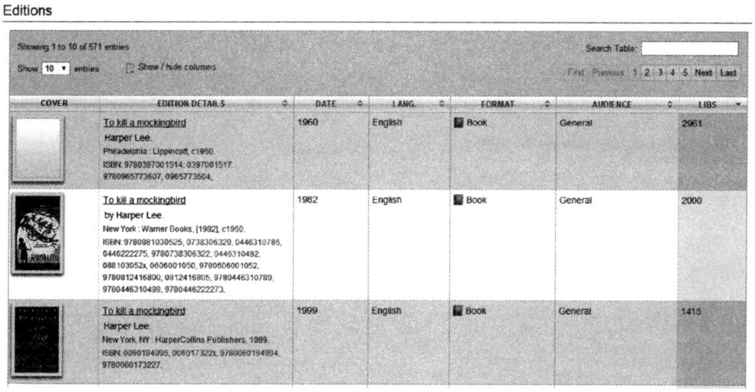

图 37　作品载体表现记录集展示

① 郝嘉树. OCLC FRBR 化项目研究及启示[J]. 国家图书馆学刊，2015(6)：23－28.

(3)单件 FRBR 化展示。进一步点击每条不同版本的书目,则进入馆藏页面。系统自动显示该版本对应的同一语种、不同资源类型、出版机构、出版时间的收藏馆列表,同时提供“只要此版本”(即只显示该条书目收藏馆)和“格式”(即只显示集合中某种资源类型的收藏馆)两种选择。

虽然 WorldCat FRBR 化展示仅实现了作品到载体表现的揭示,但它将内容表达和载体表现的差异化在联合馆藏的展示界面反映出来,是一个有意义的尝试,对用户的查找、识别、选择起到了很好的导航作用。

基于 FRBR 化的理念,OCLC WorldCat 实现了同一作品的多载体形式、跨文献类型、多语种译著的聚合,而没有实现多版本、印次、多卷书的书目记录的聚合①:

OCLC 对作品通过多载体形式进行划分,包括盲人用的点字法、大字本形式的印刷型,CD、盒式录音带、慢转唱片格式的音频,DVD、VHS、蓝光、电子形式的视频,计算机文件等;文献类型包括图书、期刊、报纸、音乐、乐谱、网站、档案资料等;包含多语种译著,并在作品层和载体表现层进行揭示。

系统没有将多版本、多印次的载体表现聚集在一起,仅在字面相同的情况下,通过人工排序才能排在一起,如图 38、图 39 所示;系统对有分辑号或分辑题名的多卷书未进行聚合。

A brief history of time : from the big bang to black holes / Stephen W. Hawking ; introd. by Carl Sagan ; ill. by Ron Miller.	Toronto :Bantam Books,c1988.		English	■	6
A brief history of time : From the big bang to black holes / By Stephen W. Hawking ; Introduction by Carl Sagan ; Illustrations by Ron Miller.	Toronto :Bantam Books,1988.		English	■	3
A brief history of time : from the big bang to black holes / Stephen W. Hawking ; introduction by Carl Sagan ; illustrations by Ron Miller.	Toronto :Bantam Books,1989.		English	■	2

图 38　多版本书目未聚合

Une Brève histoire du temps : du big bang aux trous noirs / Stephen W. Hawking ; traduit de l'américain par Isabelle Naddeo-Souriau.	Paris :Editions J'ai lu,c1989, impr. 1992.		French	■	13
Une brève histoire du temps : du Big Bang aux trous noirs / Stephen Hawking ; traduit de l'américain par Isabelle Naddeo-Souriau.	Paris :Éditions J'ai lu,[2007], c1989.		French	■	6

图 39　多印次书目未聚合

2. 其他实体与作品集的 FRBR 化展示

OCLC 在 FRBR 化的展示中引入 FRBR 模型 3 组实体中的相关实体对作品集的进一步揭示和描述。

该系统关联了与该作品相关的其他作品实体。通过建立联系,在隐含描述作品

① 郝嘉树. OCLC FRBR 化项目研究及启示[J]. 国家图书馆学刊,2015(6):23 -28.

的同时,揭示了资源之间的关系。如图 40 所示,在作品层关联了相关个人和团体,展示了作品的创作者、载体表现层的责任者和出版发行机构,并提供链接到相应的规范文档。这种做法体现了 FRBR 定义个人和团体实体的意义所在,使我们能够以始终如一的方式命名与识别个人和团体,而不必考虑该名称如何出现在一部作品的任何特定的内容表达或载体表现上①②。

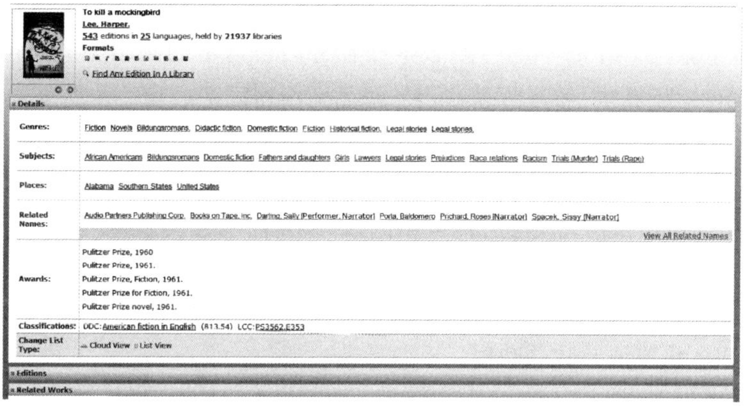

图 40 其他相关实体对作品集的揭示和描述③

使用第 3 组实体的概念、地点来揭示作品的相关主题。通过提供的主题词、分类号和作品中的地点,让我们快速了解作品的内容特征,帮助我们进行识别和选择。系统还通过这些实体关联到其他相关作品。

3. 相关功能的 FRBR 化展示

OCLC FRBR 化系统提供多种功能或展示帮助用户查找、识别、选择和获取相关资源。

该系统提供多种检索途径和导航帮助用户查找资源。FictionFinder 对书目记录进行了索引,可以通过著者、题名、ISBN、标题词和关键词进行检索,也可以通过体裁、主题、地点、DDC、语言、格式等多种途径帮助用户进行导航和查找。除此还提供文献和载体类型、推送相关作品等选项帮助用户进行识别和选择,并给出用户评价

① IFLA study group on functional requirements for bibliograohic records. Functional requirements for bibliograohic records: final report[EB/OL]. [2014 - 05 - 29]. http://www.ifla.org/files/assets/cataloguing/frbr/frbr_2008.pdf.

② 郝嘉树. OCLC FRBR 化项目研究及启示[J]. 国家图书馆学刊,2015(6):23 - 28.

③ To kill a mockingbird [EB/OL]. [2014 - 05 - 29]. http://frbr.oclc.org/research/pages/000276976.html.

和获奖情况等帮助用户选择满足需要的资源。

将作品和载体表现记录都链接到 WorldCat，给出能获取该资源的书店、图书馆馆藏等信息，方便用户获取单件。该 FRBR 化系统提供出售此实体的书店名称，收藏该实体的图书馆列表，给出图书馆名字、地址，甚至与用户的距离和地图中的位置，帮助用户获取单件。

xISBN 网络服务是 OCLC 基于书目数据 FRBR 化项目开发的一项应用，通过国际标准书号汇聚同一作品不同时期版本和各种语言译本的网络服务。该应用基于书目数据 FRBR 化算法，通过题名、著者、作品类型将同一或相关作品聚合在一起，只要输入已知的 ISBN 号，该网络服务会将包含此 ISBN 的 URL 提交给 xISBN 服务器，并返回与该号为同一作品的其他版本、译本的 ISBN 列表及对应的书目元数据，格式可以为 XML、XHTML 和 Python。如果用题名、著者检索会有重名，翻译、拼写或输入错误的问题，使用 ISBN 的做法让查找过程简单、准确，并且方便获取相关图书[①]。

三、FRBR 化算法及数据映射

OCLC 通过对 WorldCat 书目数据抽样分析和推断，开发了作品集聚类算法。OCLC 在书目数据库 FRBR 化当中只对作品层进行了识别和聚类，严格意义上说它不是完整的 FRBR 模式，但它利用名称规范生成“著者/题名”信息键并与书目记录进行匹配的算法很有借鉴意义。Ed O'Neill 用 1000 部作品对该算法进行验证，结论为在作品层转换海量编目数据库是可行的，以下为相关介绍：

OCLC 作品集聚类算法开发之初重点关注著者/题名匹配的情况（该类型占书目数据的 70% 左右），为了提高作品的匹配率，于 2009 年发布了作品集聚类算法 2.0 版，侧重于后三种类型（这些类型占 30% 左右，见表 11）的匹配算法的改进。OCLC 也进行了一些复杂的算法研究，但由于效果不好，未予公布。

表 11　OCLC 作品层聚类算法类型及比例

类型	2005 年所占比例	2009 年所占比例
著者/题名	75.97%	70.65%
统一题名	1.34%	1.13%
题名/其他责任者	17.35%	19.16%
题名/控制号	5.34%	9.06%

① 郝嘉树. OCLC FRBR 化项目研究及启示[J]. 国家图书馆学刊，2015(6)：23－28.

OCLC 聚类算法对作品辨识能力强，聚合相同作品的准确性高，主要是以下两个步骤起到重要作用：

1. 使用名称规范[①]

目前大多数 FRBR 项目和研究直接抽取书目记录中的著者和题名进行比对，OCLC 引入了名称规范，可以辨识统一题名或著者与题名的各种形式和不同语种，从而把这些以不同形式、语种的著者、题名表示的书目记录都整合在一起，大大提高了同一作品的识别聚合能力。通过著者与题名识别作品的具体流程概括如下：

（1）将名称规范中的规范著者名称与其他不同形式的著者名称、规范形式的著者/题名与其他不同形式著者/题名分别建立连接和映射。

（2）把名称规范中的著者、著者/题名的规范形式及和其映射的非规范形式按照一定的规则抽取出来，建立规范信息键。

（3）把书目记录中的著者和题名按照一定的规则抽取出来，分别建立著者、著者/题名信息键。

（4）先把书目记录抽取的著者信息键与规范及和其映射的非规范著者信息键进行匹配，替换书目记录中著者形式为规范形式，再用书目记录中的著者（规范）/题名信息键与规范及和其映射的非规范著者/题名信息键进行匹配，替换书目记录非规范题名形式为规范形式，从而建立作品集信息键。

其中名称规范与书目记录的数据映射如表 12 所示，同行为名称规范与书目记录这两个来源不同类型的匹配，类型包括著者与题名，左侧 4 列为规范文档用于匹配抽取的字段及子字段，右侧 4 列为书目记录用于匹配抽取的字段及子字段。该表题名类型的匹配中，优先抽取记录中 130 字段的题名与名称规范进行匹配，如果没有 130 字段，则优先抽取 240 字段，依此类推为 242、245、246、247。

表 12　OCLC 作品层聚类算法数据映射

来源	类型	字段	子字段	来源	类型	字段	子字段
名称规范	著者	100	$a, $b, $c, $d, $q	书目记录	著者	100	$a, $b, $c, $d, $q
名称规范	著者其它形式	400	$a, $b, $c, $d, $q				

① 郝嘉树. OCLC FRBR 化项目研究及启示[J]. 国家图书馆学刊，2015(6)：23－28.

续表

来源	类型	字段	子字段	来源	类型	字段	子字段
名称规范	题名	100	$t, $m, $n, $p, $r	书目记录	简略题名	130	$a, $m, $n, $p, $r
名称规范	题名	130	$a, $m, $n, $p, $r				
名称规范	题名其他形式	400	$t, $m, $n, $p, $r				
名称规范	题名	100	$t, $m, $n, $p, $r	书目记录	简略题名	240	$a, $m, $n, $p, $r
名称规范	题名	130	$a, $m, $n, $p, $r				
名称规范	题名其他形式	400	$t, $m, $n, $p, $r				
名称规范	题名	100	$t, $m, $n, $p, $r	书目记录	简略题名	242,245,246,247	$a, $n, $p, $s
名称规范	题名	130	$a, $m, $n, $p, $r				
名称规范	题名其他形式	400	$t, $m, $n, $p, $r				
名称规范	题名	100	$t, $m, $n, $p, $r	书目记录	完整题名	242,245,246,247 $a	$a, $b, $p, $s
名称规范	题名	130	$a, $m, $n, $p, $r				
名称规范	题名其他形式	400	$t, $m, $n, $p, $r				

2. 通过书目记录各子字段提供的线索提高匹配率①

OCLC 提出了多重匹配的方法，题名匹配时，检验其是否为题名，删除当中的姓名，并对题名进行清洗，如去除题名开头的冠词、助词、“[ ]”等。如果匹配不成功，则依次抽取书目中的简略题名、完全题名再次进行比对，匹配成功结束；否则，选完全

① 郝嘉树. OCLC FRBR 化项目研究及启示[J]. 国家图书馆学刊，2015(6)：23 - 28.

题名为题名信息键。从各字段抽取各种简略题名和完全题名的规则如表 13 所示，匹配的具体步骤如下：

表 13　抽取各种简略题名和完全题名匹配规则

步骤	题名信息键	处理
1	简略题名	题名清洗
2	简略题名	检验是否为题名，是则去除题名开头的冠词助词等，否则转到下一步
3	简略题名	去除姓名
4	简略题名	去除题名开头的冠词助词等，用该题名进行匹配，匹配成功结束，未匹配则转到下一步
5	完全题名	题名清洗
6	完全题名	检验是否为题名，是则去除题名开头的冠词助词等，否则转到下一步
7	完全题名	去除姓名
8	完全题名	去除题名开头的冠词助词等，用该题名进行匹配，匹配成功结束，未匹配则选最后一次的完全题名最为题名信息键

著者匹配时，先对不规范、错误的著录进行处理，如在$a 子字段出现年份则自动在其前面添加$d；如果不成功，对著者的名进行缩写再匹配，最后通过逐一去除人名当中的卒年、生年以提高匹配率。

四、启示

OCLC FRBR 化展示情况表明：

1. FRBR 化展示方面①

作品的 FRBR 化展示是 FRBR 的重要应用之一，它将 MARC 的扁平形式改造成为树形及网状结构，从而揭示资源的多层次关系。

(1)FRBR 化展示中，相关作品的显示对用户查找、识别和选择资源有重要意义。

用户在实际检索中并不局限于某作品形式或载体，如用户想了解 *Hamlet*(《哈姆雷特》)，可以读原著，也可以通过电影视频、缩减本或是有声书来了解该故事。但按照 FRBR 对作品的定义，一部作品不同文学或艺术形式的改编本被看作新作品，如莎士比亚原著 *Hamlet* 改编的电影和歌剧都视为新作品，由此 FRBR 化聚类就不能将相关作品和原著聚合在一起，从而缩小用户的选择范围。因此，建议在作品层上构建作品集层，将不同形式的相关作品也进行聚合，给用户提供多种形式及载体、相关内

① 郝嘉树. OCLC FRBR 化项目研究及启示[J]. 国家图书馆学刊，2015(6)：23 – 28.

容的作品，从而帮助用户查找、识别和选择合适的资源。

相关作品的 FRBR 化聚合可以通过题名、著者字段进行聚类，相应的 CNMARC 为 200 字段$a $e $h $i 和 7XX 字段$a $b $c $d，相关作品间的区分通过载体形态进行辨别，对应的 CNMARC 为头标区第 6 位或 105 字段第 4 至 12 位。

(2)选取 FRBR 化各层次展示元素也是一个关键问题。

只有每层显示的信息项合理，才能清晰区分不同的作品、内容表达、载体表现和单件，帮助用户快速识别适合自己的资源。在目前的书目结构及编目体制下，通过人工识别每一个书目数据中的内容表达、载体表现等显然是不现实的，我们可以建立相关的规则，通过计算机从 MARC 数据中提取相关的字段或子字段作为相关元素来揭示 FRBR 各层次。

其中，作品层显示的信息项应包括作品题名和责任者，因为它们是区分不同作品的最主要的属性特征；内容表达层作为实现作品所采用的特定的知识或艺术形式，展示的信息应是作品不同的表达形式（如文本、电子资源、可视资料、音频资料）、语种（如中文版、英文版），如此可将同一作品的不同作品形态建立关联，聚合在一起；载体表现作为一部作品内容表达的具体物理体现，应涵盖版本、出版发行和载体形态信息，组织形式要据实际需求进行排序，如按出版单位排序，不同版本在此集中；单件通常与载体表现本身是相同的，也可根据实际资源情况与载体表现合并显示或是单独展示，如 Worldcat 的单件层显示各个不同的馆藏信息。

书目 FRBR 化展示的内容可根据以上论述从 MARC 字段中抽取，本文给出了 CNMARC 和 MARC21 格式中用于展示以上四个层次的字段及子字段，如表 14 所示①。

表 14　FRBR 化各层次展示元素对应字段及子字段

FRBR 第一组实体	展示项	CNMARC	MARC21
作品	题名	200($a, $e, $h, $$i)或 500($a, $h, $i)	130/240/242/243/245/246/247($a, $n, $p)或 700/710/711/730/740($t, $n, $p)
	责任者	701/702/711/712($a, $b, $c, $d)或 200($f, $g)	100/110/111($a, $b, $c, $e, $g, $j)或 700/710/711($a, $b, $c, $e, $g, $j)
内容表达	作品形式	Leader(06)/105$a(4 – 12)	Leader(06)/008(18 – 34)

① 郝嘉树. OCLC FRBR 化项目研究及启示[J]. 国家图书馆学刊,2015(6):23 – 28.

续表

FRBR 第一组实体	展示项	CNMARC	MARC21
载体表现	出版信息	210($c, $d)	260($b, $c)
	载体形态	215($a, $c, $d, $e)	300($a, $b, $c, $e)
	版本信息	205($a, $b, $d)	250($a, $b)
单件	馆藏信息	905($a, $c, $d, $e, $v, $y)	850($a, $b, $c, $e, $h, $i, $j, $k, $l, $m)

2. FRBR 化算法方面

OCLC 构建了一个 FRBR 化展示及算法检验系统，该系统可以选择不同的 FRBR 化算法对作品集进行聚类，并对结果进行展示和导航，还可以对人工聚类与不同算法聚类的结果进行比较，显示它们的异同。

该系统通过网络或本地导入 MARC 格式的书目数据，再选择相关算法（即不使用规范文档、使用规范文档中的题名、使用规范文档中的题名和著者），FRBR 化结果的展示中（见图 41），最上面 3 列分别为数据集聚类生成的作品层、所选作品包含的内容表达和所选内容表达包含的载体表现，系统下半部分为所选载体表现的书目记录。

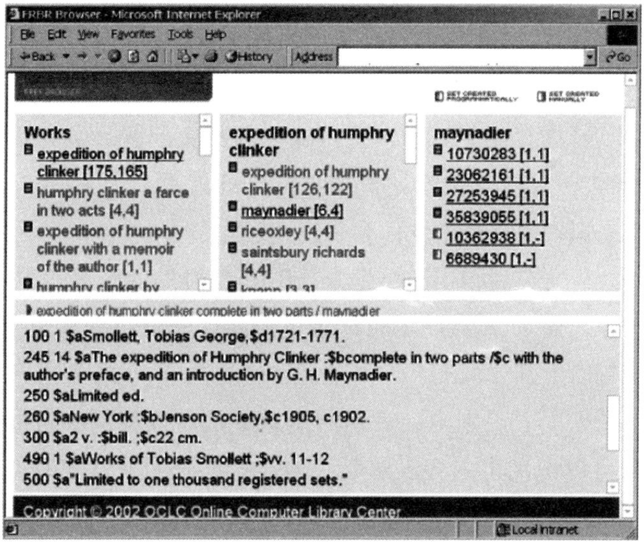

图 41　FRBR 化展示及算法检验系统①

① HICKEY T B, O'NEILL E T, JENNY T. Experiments with the IFLA functional requirements for bibliographic records (FRBR) [EB/OL]. [2014 - 05 - 11]. http://www.dlib.org/dlib/september02/hickey/09hickey.html.

该系统的重要作用在于能方便地对开发或改进的算法进行检验，评价其准确性。OCLC 开发的该系统用表示两个集合都包含该数据，表示只有第一组集合才有该数据，表示只有第二组集合才有该数据。如果我们使用这样的系统，可以对相关算法和人工聚类的结果进行比较，或是对同一数据集选择不同算法的聚类结果进行比较。通过这些比较，可以直观地看到开发或改进算法的聚类效果，对算法进行评价，还可以帮助进一步分析算法存在的问题。

另外，在书目数据 FRBR 化中，针对不同的数据集调整算法、参数有利于提高匹配率①。如对于拉丁文，题名去掉前后空格、不区分大小写、去除开头冠词、助词等能提高匹配率；而对于中文数据则是清除责任者项中的“等”，去除题名中的标点符号等。在精确匹配无果的情况下去除卒年、生年再匹配，将著录在错误子字段的生卒年（日期数据）与名字结合匹配等。

3. 对 FRBR 模型中内容表达层的质疑

OCLC 进行了基于 FRBR 实体关系模型表示典型作品的案例分析，一是检验用实体—关系模型表示作品的可行性，二是帮助更好的理解书目记录与其表示的书目实体间的关系，三是调研书目记录中提供信息是否能帮助识别 FRBR 模型中实体②。

该案例分析虽然只选择了一部作品，但该作品在 WorldCat 中却十分典型，代表着广泛的作品类型，因此对其 FRBR 化遇到的问题在进行其他书目 FRBR 化中也会碰到，由此可以发现、推算出 FRBR 模型实施中的相关问题。研究者在 WorldCat 查找到 179 条《汉弗莱·克林克历险记》书目记录，通过书目信息、实体书和 600 多关键页的数字照片来识别该作品的的内容表达、载体表现和单件。

通过该案例分析研究者得出的结论为：FRBR 模型的内容表达很难识别，他们决定放弃对该层实体的揭示，直接将书目记录在作品层进行识别和聚合。内容表达层难以识别的原因有以下几方面③：

一是书目记录中用于识别内容表达的信息不足。该案例分析发现此作品只有 41% 的书目记录可以识别出内容表达④。增加的导言、目录、章节标题、年表、献辞、

---

①③ 郝嘉树. OCLC FRBR 化项目研究及启示[J]. 国家图书馆学刊，2015(6)：23 – 28.

② The FRBRization of humphry clinker：a case study in the application of IFLA's functional requirements for bibliographic records (FRBR) [EB/OL]. [2014 – 05 – 08]. http://www.oclc.org/research/activities/frbr/clinker.html.

④ O'NEILL E T. FRBR：functional requirements for bibliographic records application of the entity-relationship model to humphry clinker[EB/OL]. [2014 – 05 – 11]. http://www.oclc.org/research/publications/archive/2002/oneill_frbr22.pdf.

注释、评论等对原著的修改或改编非常有意义，它们在 FRBR 模型中被视为新的内容表达，但在书目记录中很少得到重视和体现；即使有实体书，判断两个载体表现是否为同一个内容表达本身就是一件很困难的事情。

二是内容表达层界定模糊。在 FRBR 的最终报告中，有相关陈述：只要文本发生修改，即使再小也被视为新的内容表达；但又阐述在实际操作中，判断是否为不同的内容表达的尺度取决于作品本身的性质和用户的预期需求以及人们会合理期望编目员从所描述的载体表现去认识的东西。从这些阐述我们能够看出，内容表达的界定是模糊的，面对不同的作品和用户的需求它是动态变化的，这给内容表达的识别带来了很大的困难。

三是书目记录中著录规则的不一致。不同时期、不同国家对编辑者、插图画家、译者等在怎样的情况下进行著录的要求是不同的。

我们认为，在内容表达难以识别的原因中第二点是最为根本的原因，其他可通过编制基于 FRBR 模型的编目指导原则、格式和著录规则来补救，而识别内容表达有时却是仁者见仁，智者见智。但我们不能因此取消内容表达层或是否认 FRBR 模型，一是去除内容表达层会大大降低 FRBR 模型的功能，二是编目工作一直以来就存在不同的编目员编目结果有差异的现象。有些内容表达的元素，如语种、作品表达形式确定且易识别，当下我们可以通过不断的实践，摸索辨别各种改编本、增订本、删节或扩充本等是否为同一内容表达的方法和规则，而不是全盘否定 FRBR 模型①。

---

① 郝嘉树. OCLC FRBR 化项目研究及启示[J]. 国家图书馆学刊，2015(6)：23－28.

第八章　中国国家书目 FRBR 化服务实践

前文所述,FRBR 的第二项功能是为国家书目机构创建的记录推荐一个基本功能级别和基本数据需求。1985 年起,北京图书馆(今国家图书馆)启动国家书目编纂工作,1988 年起,北京图书馆着手书目数据库的建设,1995 年起北京图书馆协同国内机读目录编制力量较强、有一定书目数据库编制经验的图书馆开始研究编制光盘版本的回溯数据库,而后又逐步引进联合编目系统开始研究编制在线版本的联合目录。如果将这些长期积累下来的大量书目数据按照 FRBR 框架模型重新进行编目,需要大量的时间和精力,对任何图书馆来讲,这样做都不是优质的方案。但是引入 FRBR 化,从现有的书目数据中提取 FRBR 概念开展 FRBR 化服务,经研究证明是可行而行之有效的做法。中国国家书目数据量庞大、目录体系完整、编目水平高,质量可靠,其中,许多作品是同一作品相同内容表达的不同载体表现或者是同一作品不同内容表达的不同载体表现,可以展示出较好的 FRBR 化书目聚合效果。

第一节　FRBR 化概念提取实验与数据分析

在对中国国家书目进行 FRBR 化改造之前,首先开展小规模书目数据的 FRBR 化聚合实验,增进对 FRBR 化的理解,统一对 FRBR 概念模型及其实体关系的认识,研究确定 FRBR 化展示服务内容并研究制定 FRBR 化算法及数据映射关系。

一、选取实验数据

在中国国家书目中抽取题名规范数据中包含红楼梦以及《红楼梦》题名规范形式和非规范形式的书目数据,共计 5000 条。其中中文文献数据 4734 条,外文文献数据 266 条。

二、补充完善相关规范数据

1. 补充完善题名《红楼梦》的题名规范数据

鉴于国家书目中题名规范《红楼梦》只有中文形式,为了实现中外文跨语种的

FRBR 化聚合，需要补充完善其他语种形式的题名，如图 42：

系统号	000293825
名称标目	红楼梦
名称标目	hong lou meng
标目附注	(清)曹雪芹著
单纯参照	乾隆甲戌脂砚斋重评石头记
单纯参照	qian long jia xu zhi yan zhai chong ping shi tou ji
单纯参照	石头记
单纯参照	shi tou ji
单纯参照	脂砚斋重评石头记
单纯参照	zhi yan zhai chong ping shi tou ji
单纯参照	乾隆抄本百二十回红楼梦稿
单纯参照	qian long chao ben bai er shi hui hong lou meng gao
单纯参照	新镌全部绣像红楼梦
单纯参照	xin juan quan bu xiu xiang hong lou meng
单纯参照	增评补图石头记
单纯参照	zeng ping bu tu shi tou ji
单纯参照	脂本汇校石头记
单纯参照	zhi ben hui jiao shi tou ji
单纯参照	东观阁本新增批评绣像红楼梦
单纯参照	dong guan ge ben xin zeng pi ping xiu xiang hong lou meng
单纯参照	蒙古王府本石头记
单纯参照	meng gu wang fu ben shi tou ji
单纯参照	紅樓夢 jpn
单纯参照	hong lou meng
单纯参照	The Story of the Stone eng
单纯参照	Dream of the Red Chamber eng
单纯参照	A Dream of Red Mansions eng
单纯参照	Chinese Poetry eng
单纯参照	호루몽 kor
单纯参照	Le Reve dans le Pavillon rouge fre
单纯参照	Сон В Красном Тереме rus
单纯参照	Der Traum der roten Kammer ger
单纯参照	Il sogno della camera rossa ita

图 42　《红楼梦》的题名规范数据

2. 补充完善责任者曹雪芹的名称规范数据

基于题名规范相同考虑，需要补充完善其他语种形式的名称，如图 43：

系统号	000044042
名称标目	(清)曹雪芹(1715/1724～1763/1764)
名称标目	cao xue qin
标目附注	小说家。名霑,字梦阮,号雪芹、芹圃、芹溪等。世原是汉族,后为满洲正白旗包衣。河北丰润人,另说为辽宁辽阳人。著有《红楼梦》(前 80 回)。
单纯参照	曹霑
单纯参照	cao zhan
单纯参照	曹梦阮
单纯参照	cao meng ruan
单纯参照	Tsao Hsueh-Chin
单纯参照	Ts'ao Chan
单纯参照	Cao Xueqin
单纯参照	조설근 a 고악
更新标志	N

图 43　曹雪芹的名称规范数据

三、FRBR 化概念和关联关系提取

1. 第一组实体概念

(1)作品(Work)

参照芭芭拉女士总结的作品关系图进行作品概念的提取,见图 44。

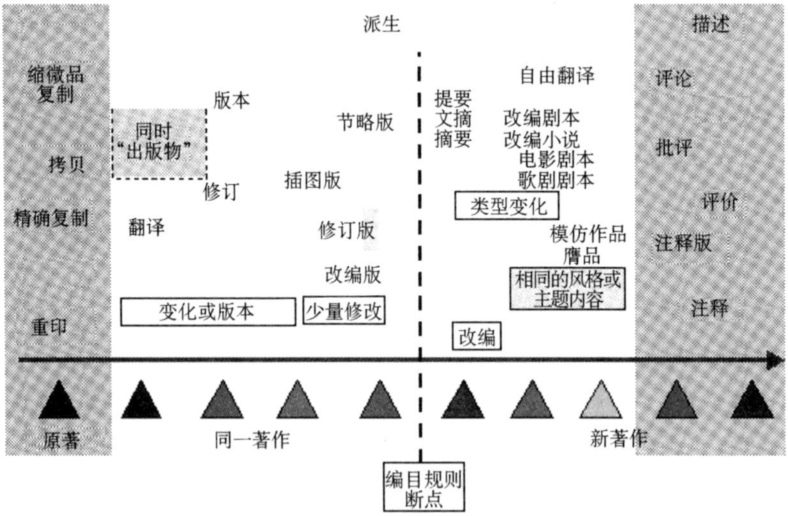

图 44　作品关系图

作品概念和关系提取结果：共计 1026 条书目数据作为曹雪芹的《红楼梦》原著的同一作品，其中中文文献数据 945 条，外文文献数据 81 条。将 1026 条书目数据均增加统一题名《红楼梦》，以便通过提取统一题名信息，建立起 1026 条同一作品的关系。

作品概念提取中需要特别判定某一文献是否是原著作品某一内容表达下某一载体表现的单件；判定改编本、评论本、注释本、演播本等，符合哪些条件即为原著作品，哪些为衍生关系作品、描述关系作品或伴随关系作品等。根据 FRBR 的最终报告中给定的作品定义及属性①，结合红楼梦作品概念提取的实践，给出界定作品概念提取边界标准如下：

作品是一种独特的知识内容或艺术创作，是一种抽象的实体，作品的内容只有通过文字、声音、图形、图像等内容表达方式才能表达出来②。例如，文字作品（手写或口述）、音乐作品、图形作品、摄影作品、电影作品、测绘作品、三维作品、数据、计算机程序等；也包括法律作品（法律、法规、章程、条约、法院规则、法院决定等）、宗教作品（圣典、信经、礼拜作品、教皇通讯等）；包括作品集、作品汇编和单独的作品；包括组分作品（如，一期刊论文或一装饰画画板）。

①不改变原作品的基本含义或表现手法而进行修订或更新后的各种文本，视为同一作品的不同内容表达。文本的节略或增补或者一首乐曲加有补充或伴音，也视为同一作品的不同内容表达。从一种语言翻译为另一种语言的译文、音乐的录制和改编、影片的配音或配字幕，也视为同一作品的不同内容表达。

例如：（注：w = 作品　e = 内容表达）

- □ w1　曹雪芹的《红楼梦》
- □ e1　《程甲本红楼梦》
- □ e2　《蒙古王府本石头记》
- □ e3　《程乙本红楼梦》
- □ e4　《qizil saray tusi》（哈萨克版）
- □ e5　《ulaγan asar-un jegüdün》（蒙古文版）
- □ e6　王希廉评的《红楼梦》
- □ e7　《石头记》

①② 书目记录的功能需求最终报告[EB/OL].[2017-05-02]. https://www.ifla.org/files/assets/cataloguing/frbr/frbr-zh.pdf.

②知识内容或艺术内容有重大修改,其他人的努力和创造增大到一定程度的作品,视为新作品。

③改变了原作本质和内容的作品,视为新作品。

④改变了表达媒介即从一种文学或艺术形式改编成另一种形式的作品,视为新作品。

⑤在目的、用法或媒介上被修改成与源作品初衷不同的作品,视为新作品。

例如:(注:w = 作品　e = 内容表达)

□ w1　曹雪芹的《红楼梦》
□ w2　铁皮人美术编绘的《红楼梦》
□ w3　卜万苍导演的《红楼梦》
□ w4　王梦阮,沈瓶庵索隐的《红楼梦索隐》
□ w5　毛时安,任一鸣编写的《红楼梦》
□ w6　彭程改编的《红楼梦》
□ w7　周亚鸣改写的《红楼梦》
□ w8　王会主编的《红楼梦》

⑥集合作品(aggregate work):由许多作品构成的作品(如丛书、汇编),可视为新作品。

例如:(注:w = 作品　e = 内容表达)

□ w1　曹雪芹的《红楼梦》
□ w2　上海人民出版社出版的吴其柔等改编等一套《红楼梦》,共 16 本。

⑦组分作品(component work):构成作品的单独作品(如丛书单书、汇编文章),可视为新作品,也可根据情况视为原作品的内容表达。

例如:(注:w = 作品　e = 内容表达)

□ w1　曹雪芹的《红楼梦》
□ w2　上海人民出版社出版的吴其柔改编的《红楼梦》。

特别说明:FRBR 化是对已有书目数据的 FRBR 概念和关系提取,无法对改编文献与原著作品进行比对分析,仅通过书目数据信息进行概念提取,因此,原著作品的改编作品虽然既可能是新作品,也可能是同一作品的另一内容表达,考虑到可操作性,中国国家书目 FRBR 化实践中,简单地将改编作品视为新作品。

(2)内容表达(Expression)

对视同为同一作品的 1026 条书目数据进行内容表达概念的提取。

内容表达概念和关系提取结果:共计 1026 条书目数据被作为曹雪芹的《红楼梦》原著的同一作品,其中 602 条书目数据被视为同一内容表达。

内容表达概念提取中需要特别注意的是现有书目数据中,用于判定是否同属同一内容表达的信息并不够充分。比如很多文献都标注为影印本,但是对于影印自何版本未做详细说明,各版本之间内容的表达的变化程度更是无从查起,这些都造成了内容表达层概念提取的困难。根据 FRBR 的最终报告中给定的内容表达定义及属性①,结合红楼梦内容表达概念提取的实践,给出界定内容表达边界的标准如下:

内容表达是一种作品的知识或艺术的实现②。其实现形式有字母—数字、乐谱、舞谱、声音、图像、物体、动作等,或这些形式的结合。例如,作品以文字形式实现时产生的特定词语、句子、段落等,或者音乐作品实现时产生的特定音符、短句等,都是属于内容表达的范畴。物理形式的各方面,例如字体、版面设计,这些并不是作品本身的知识或艺术实现的组成部分,因此不产生新的内容表达。当内容表达附有扩充,如附有插图、注释、词汇表等时,这些都不是作品知识或艺术实现的组成部分。这种扩充应被认为是不同作品的不同内容表达。

①形式改变(如从字母—数字到口语)的内容表达,视为新的内容表达。

②用以表达作品的知识习惯或手段(如从一种语言翻译成另一种语言)改变的内容表达,视为新的内容表达。

③一种文本经过修订或修改的内容表达,视为新的内容表达。

④对于有些应用(如善本手稿的文本变化),可视为新的内容表达。

⑤小的变化(如手印同一版本两种状态间可以看出的细微变化),可作为同一内容表达,可在书目记录中做附注说明。

例如:

---

①② 书目记录的功能需求最终报告[EB/OL].[2017 - 05 - 02]. https://www.ifla.org/files/assets/cataloguing/frbr/frbr-zh.pdf.

□w1 曹雪芹的《红楼梦》

□e1 丹森尼玛的蒙文本

□e2 Kuhn, Franz 的德文本

□e3 1974 年人民文学出版社影印的《脂砚斋重评石头记》

□e3 1953 年上海人民出版社影印的《脂砚斋重评石头记》

特别说明:FRBR 化是对已有书目数据的 FRBR 概念和关系提取,基于现有的书目数据是无法获取准确的内容表达概念,同时,同一作品的不同语种虽然属于不同的内容表达,但是这样不同内容表达的聚合服务是有意义的,同一作品的不同版本可能属于不同的内容表达,也可能属于同一内容表达,这些同一作品的不同版本文献的聚合服务也是有意义的,因此,中国国家书目的 FRBR 化选择同样仅对多语种和多版本的书目数据提取内容表达概念和关联关系建立,忽略其他内容表达层次的概念提取和关系聚合。

内容表达之间的关联不是通过直接连接各内容表达实现的,而是将每个内容表达同其作品相关联,通过同一作品的关联,实现了同一作品相同内容表达或不同内容表达的连接①。可以通过增加统一题名的方式实现关联,也可以通过书目数据中的连接字段实现关联。

(3)载体表现(Manifestation)

由于中国国家书目的 FRBR 化选择除多语种和多版本的数据外,忽略其他内容表达层的概念提取和关系聚合,因此中国国家书目 FRBR 化聚合可视为同一作品下不同载体表现的聚合。在每条书目记录中提取载体表现的概念,并通过同一作品的关联实现不同载体表现的关联。

根据 FRBR 的最终报告中给定的载体表现定义及属性②,结合红楼梦载体表现概念提取的实践,给出界定载体表现边界的标准如下:

载体表现是一种作品内容表达的物理体现。例如,手稿、图书、期刊、地图、广告、录音、电影、录像、DVD、CD-ROM、多媒体、PDF 文件、MP3 文件等形式的载体表现。载体表现是具有相同知识内容和物理形式特点的所有物理对象。

在生产过程中,无论有意或无意使各复本出现了变化,严格来讲,均是产生了一种新的载体表现。这种变化产生的载体表现,可以认为是该出版物的一种特殊"状

① 朱青青,毛雅君. 英国国家书目 FRBR 化研究及启示[J]. 国家图书馆学刊,2014(6):79-85.

② 书目记录的功能需求最终报告[EB/OL]. [2017-05-02]. https://www.ifla.org/files/assets/cataloguing/frbr/frbr-zh.pdf.

态"或"出版"。生产过程完成以后,个别复本发生了变化(如丢失一页、重新装订等),则不认为是产生了一种新的载体表现。这个复本可简单地被看作是该载体表现的一个单件。

(4)单件(Item)

根据 FRBR 的最终报告中给定的单件定义及属性,结合红楼梦 FRBR 概念提取的实践,给出界定单件边界的标准如下①:

单件是载体表现的单个实例,它是一种有形的实体。在许多情况下,它是单个的物理对象(如单卷专著的一个复本、一盘录音带等),然而有时,单件包括多个物理对象(如分两册发行的专著、分三张光盘发行的录音等)。就知识内容和物理形式来说,单件通常和载体表现本身是相同的。一个单件和另一个单件即使都是同一载体表现的实例,也可能出现差异(如单件生产后遭损坏、图书馆装订等),这些差异并非载体表现生产者的行为造成的。

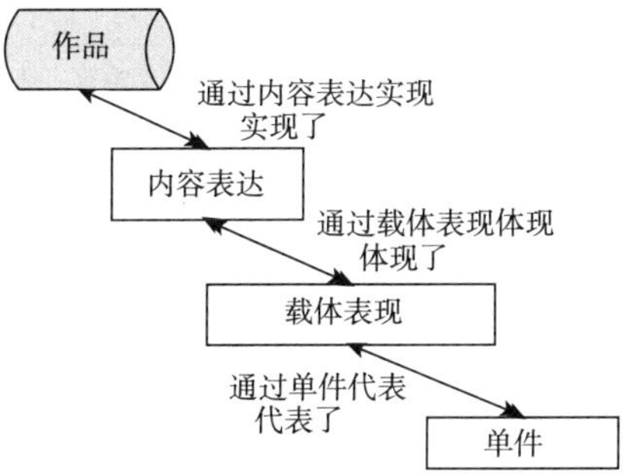

图 45　第一组实体及其关系①

2. 第二组实体概念:对作品的创作或实现负责的个人和团体与作为作品主题的个人和团体

将 1026 条同属曹雪芹的《红楼梦》原著的同一作品的书目数据中的主要责任者全部提取出来,有些主要责任者为曹雪芹的名称规范形式或非规范形式,有些主要责任者为主编者、译者、整理者、标点者等其他个人或团体。

例如:曹霑、曹雪芹、曹沾、조설근고악、汪原放、连丽如和索南班觉等,责任方式涉及著、句读、演播、主编、译等方式。

① 书目记录的功能需求最终报告[EB/OL].[2017 - 05 - 02]. https://www.ifla.org/files/assets/cataloguing/frbr/frbr-zh.pdf.

② FRBR-library reference model [EB/OL].[2017 - 05 - 02]. https://www.ifla.org/files/assets/cataloguing/frbr-lrm/frbr-lrm_20160225.pdf.

这些书目数据中提取的作品概念是经人工判断后确认为同一作品的，为了能够实现机器识别和整合，需要将主要责任者非曹雪芹的名称规范形式或非规范形式的数据，挂接曹雪芹的名称规范数据，即经名称规范控制后修正为曹雪芹的规范形式。

同时，将5000条书目数据中1026条同属同一作品的书目数据之外的3974条书目数据的主要责任者全部提取出来，有些主要责任者为曹雪芹的名称规范形式或非规范形式，有些主要责任者为主编者、改编者、改写者、评论者等其他个人或团体。

例如：曹霑、曹雪芹、冯其庸、郑渊洁、崔钟雷和王君安等，责任方式涉及著、原著、主演、主编、辑校等方式。

基于同理，为了避免机器识别和整合错误，需要将主要责任者为曹雪芹的名称规范形式或非规范形式的数据，将对作品进行创作而形成新作品的人或团体修改为主要责任者，曹雪芹可作为次要责任者。

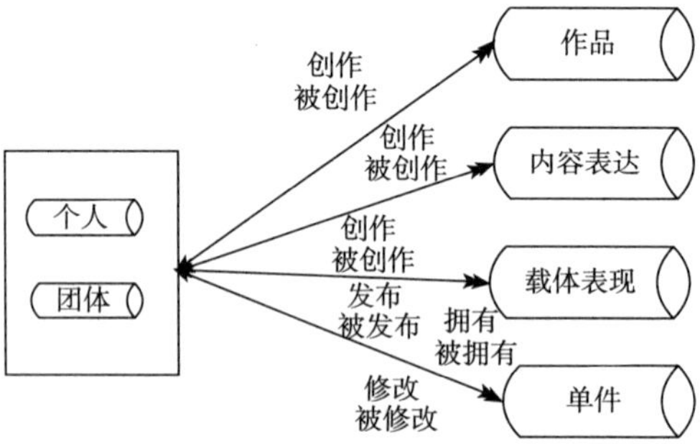

图46　第二组实体及其关系①

3. 第三组实体概念：作为作品主题的概念、实物、事件、地点

根据FRBR的最终报告表6.1—6.4列出的FRBR模型中4项基本用户任务与实体的属性之间的关系。概念、实物、事件、地点只有作为作品主题时，才可被作为实体看待。

将5000条书目数据中的主题词全部提取出来，有些主题词为规范主题词，有些主题词为非规范主题词。为了能够实现机器识别和整合，需要将所有放在主题词字段中的词语挂接主题规范数据，即经主题规范控制后的规范主题词。可通过二次检索的方式进行数据汇聚，或者通过主题分面形式进行数据汇聚。

四、发布系统

中国国家书目的发布与服务系统是Primo，Primo内的数据是通过收割模块，从

① FRBR-library reference model [EB/OL]. [2017－05－02]. https://www.ifla.org/files/assets/cataloguing/frbr-lrm/frbr-lrm_20160225.pdf.

各系统中收割获取,获取的所有数据经过规范化和结构化后,再进行统计发布。在 Primo 里把最终结构化后的数据以一种 XML 格式进行存储。这种格式在 Primo 中被称为 PNX 记录。Primo 中的各种数据汇集、FRBR 化、检索、分级等功能都是通过 PNX 记录来表现的。

Primo 专门开发了 FRBR 化聚类的规则和程序,在 PNX 格式中被称为(Grouping)。分组进程为每一条进入 Primo 的数据创建一个矢量(Vector),该矢量包括聚合类型 T 值和关键值 Kn 值,默认的 FRBR 化聚合匹配方法是"题名 + 责任者"算法,即,题名和责任者组合均相同的若干条书目记录可 FRBR 化聚合为一组,当然,可以根据用户的需要增加其他的聚合算法。Primo 在聚合匹配键值时,当有一个 K 值和其他数据匹配上了,这些匹配的数据就被视为同一个 FRBR 组,会被赋予相同的 FrbrID(在系统内记录为 GROUPID)。拥有相同的 FrbrID 的书目数据,会被系统聚合在一起发布。Primo 系统中每条记录应该只能属于某个作品,而不是某些作品,也就是一条记录只能有一个 FrbrID,以便保证作品集合的完整性和唯一性。图 47 为 PNX 格式的书目数据,图 48 为 PNX 结构中的 FRBR 部分结构。


```
<?xml version="1.0" encoding="UTF-8"?>
<record>
<control>
<sourcerecordid>004803698</sourcerecordid>
<sourceid>cnbzw</sourceid>
<recordid>cnbzw004803698</recordid>
<originalsourceid>UCS01</originalsourceid>
<ilsapiid>UCS01004803698</ilsapiid>
<sourceformat>MARC21</sourceformat>
<sourcesystem>ALEPH</sourcesystem>
</control>
<display>
<type>book</type>
<title>红楼梦 / 曹雪芹 , 高鹗著</title>
<creator>(清) 曹雪芹 (1724-1764); (清) 高鹗 (1758-1815)</creator>
<publisher>长春 : 长春出版社, 2011</publisher>
<creationdate>2011</creationdate>
<format>898页; 21cm</format>
<subject>古典小说 -- 中国 -- 清代; 章回小说 -- 中国 -- 清代; 长篇小说 -- 中国 -- 清代</subject>
<language>chi</language>
<source>cnbzw</source>
<availlibrary>$$ICNB$$L国家图书馆$$Savailable</availlibrary>
<availlibrary>$$ICNB$$L沈阳市图书馆$$Savailable</availlibrary>
<unititle>红楼梦</unititle>
<lds22>精装</lds22>
<lds30>I242.47</lds30>
```


图 47 PNX 格式的书目数据

```
</dedup>
<frbr>
<t>1</t>
<k1>$$K曹雪芹$$AA</k1>
<k1>$$K清 曹雪芹 1724-1764$$AA</k1>
<k1>$$K高鹗$$AA</k1>
<k1>$$K清 高鹗 1758-1815$$AA</k1>
<k2>$$K红楼梦$$ATO</k2>
<k2>$$Kucs01004803698$$ATO</k2>
<k3>$$K红楼梦$$AT</k3>
</frbr>
```

图 48　PNX 结构中的 FRBR 部分结构

第二节　数据范围

根据“领土—语言”原则，中国国家书目收录中文普通图书、少数民族语文图书、连续出版物、音像制品、电子出版物、本国出版的各种外国语言文献、台港澳及海外中文图书、博士论文等出版物和部分出版物的数字化成果。涉及书目数据、名称规范数据、主题规范数据以及馆藏数据。图 49 概括了中国国家书目数据的来源。中国国家书目中所有书目数据是 FRBR 化的对象数据，名称规范数据是书目数据进行 FRBR 化整合的支撑数据，换句话说，中国国家书目的 FRBR 化是在规范化后的书目数据中，通过一定的算法及数据映射来提取 FRBR 概念，对提取后的 FRBR 概念进行作品或作品集的聚合。

图 49　中国国家书目的数据来源

第三节　FRBR 化展示服务内容

一、实现同一作品不同版本、不同语种、不同文献类型的聚合

FRBR 模型中 4 项基本用户任务,实现同一作品不同版本文献的聚合需要实现同一作品相同内容表达不同载体表现或同一作品不同内容表达不同载体表现的 FRBR 化聚合。不同时期相同机构或不同机构出版的同一作品的聚合服务有助于用户查找、掌握某一作品的出版状况,并便于各版本的识别和选择。

实现同一作品不同语种文献的聚合需要实现同一作品不同内容表达不同载体表现的 FRBR 化聚合。从一种语言翻译成另一种语言,作品的内容表达发生了变化。不同语种的同一作品的聚合服务有助于用户查找、掌握某一作品的出版状况,并便于各语种的识别和选择。

实现同一作品不同文献类型的聚合需要实现同一作品不同内容表达不同载体表现的聚合。学位论文再经出版成为专著,图书经朗读成为音频资源等,作品的内部表达同样发生了变化。不同文献类型的同一作品的聚合服务有助于用户查找、掌握某一作品的研究出版状况,并便于各文献类型的识别和选择。

二、实现"年鉴"类连续性出版物的聚合

"年鉴"类连续性出版物的汇集属于作品集的聚合。不同时期相同机构或不同机构出版的年鉴以往在传统 OPAC 结果显示时,经常会因为年鉴题名信息发生变化,责任者信息发生变化或者出版者信息发生变化被分散到多个页面显示,不方便用户的使用,同种年鉴的聚合服务有助于用户查找、掌握某年鉴的出版状况,并便于不同时期年鉴的识别和选择。

三、实现同一出版社的多卷集的聚合

"多卷集"的汇集属于作品集的聚合。不同时期相同机构出版的多卷集的聚合服务有助于用户查找、掌握某一作品或作品集的出版状况,并便于各卷册的识别和选择。

四、实现同种期刊的聚合

同种期刊的汇集属于作品集的聚合。不同时期相同机构或不同机构出版的同

种期刊的聚合服务有助于用户查找、掌握某种期刊的出版状况，并便于同种期刊中不同版本的识别和选择。

五、实现丛编项的二次聚合

从编中的各个单行出版物属于整体/部分关系中的独立部分，因此，不对所有丛编单行出版物进行直接聚合，而是通过超链接方式实现丛编项中各个单行出版物的二次检索结果汇集。

六、实现附件的二次聚合

针对具有唯一标识符的附件同样不进行直接聚合，而是通过超链接方式实现附件中 ISBN 或 ISRC 的二次检索结果聚合。

七、实现基于主题、出版日期等的分面聚合

基于主题、出版日期、语种、出版机构、馆藏地等不同内容表达同样不进行直接聚合，通过分面的形式，提供主题、出版日期、语种、出版机构、馆藏地等 FRBR 第三组实体的关联聚合。

第四节　FRBR 化展示应用算法及数据映射表

一、FRBR 实体属性与 CNMARC、MARC21 描述元素映射表

由于国家图书馆藏国内出版中文文献采用 CNMARC 格式的书目数据，而国内出版外文文献采用 MARC21 格式的书目数据，因此为了将数据统一装入中国国家书目系统，生成 PNX 记录，以便实现聚合，研究制定出 FRBR 实体属性与 CNMARC、MARC21 描述元素映射表，详见附录。

二、系统汇聚原理

基于前述调研和实验，中国国家书目系统可采用前组聚类与后组聚类两种聚类方式的结合来实现 FRBR 化展示。

其中后组聚类是在编目环节不做任何改变，通过对已有书目记录进行 FRBR 化

映射提取信息并赋值，再通过赋值比较确定是否为同一作品[①]。如果键值相同，则可以视为同一作品，将已经挂接了规范数据的书目数据进行 FRBR 实体及属性提取，生成键值，再进行键值匹配、分配 FrbrID 以实现 FRBR 化聚合。其中前组聚类是在编目环节，根据 FRBR 化需求，通过人工方式进行书目记录和/或规范记录的改造，以实现同一作品的聚合[②]。同分析数据特征，以便通过后组设定键值的方式，实现作品的聚类。将未挂接规范数据的书目数据进行人工处置，能通过相关信息判断的书目数据进行规范数据挂接，而后按后组聚类方式实施；对无法经判断后挂接规范数据的书目数据进行 FRBR 实体及属性提取，通过属性关系判断，在书目数据中增加相关关系信息或者对现有书目数据进行部分内容的规范化，以便再按照后组聚类方式实施。

三、系统算法编制

根据 FRBR 实体属性与 CNMARC、MARC21 描述元素映射表，中国国家书目系统在装入数据时要对每条书目数据中符合 FRBR 化展示的相应属性都赋予 FRBR 矢量值。FRBR 矢量包括两部分：T 和 Kn（关键值）。通过配置 T 和 K 值编制 FRBR 化算法如下：

Kn 是从记录中各字段提取出来的键值。

配置三个 K 值，即 K1（表示责任者，类型 A），K2（自定义，表示只取题名，类型 TO），K3（表示题名，类型 T）。每条记录仅分配一个 K 值。

系统会将记录的所有 K1 和 K3 进行组合生成多个键值，K2 单独生成键值，用于 FRBR 判断。键值相同的记录，将聚合到一起展示。

T 表示聚合类型，可以有多个 FRBR 聚合规则。

设定四种 T 聚合类型：

第一种 T 聚合类型：责任者 + 题名聚合规则

这是 Primo 软件系统默认的一种聚合类型。其中 K1（表示责任者，类型 A），K2（表示只取题名，类型 TO），K3（表示题名，类型 T）。

- 键值类型为 A 或 T，将 K1 和 K3 组合生成待匹配的匹配值，缺失 K1 或 K3 都不生成待匹配的匹配值，题名/责任者相同的作品会被分配相同的 FrbrID，实现汇聚。

适用范围：除年鉴、多卷书、期刊、报纸、合订外的记录。

- 键值类型为 TO，仅取 K2 生成一个待匹配的匹配值。只要该条记录符合应该

---

①② 毛雅君. 中国国家书目工作回顾及思考[J]. 图书馆学研究，2017(14)：45－49.

分配为K2的条件，就会仅根据K2值进行相关书目的聚合。

适用范围：年鉴记录。对年鉴记录采用正题名/编目员补充的附加题名的聚合方式。为附加题名相同的年鉴记录采用K2聚合类型，分配相同的FrbrID，使之实现汇聚。

适用范围：计算机查询题名和外文数据中变异题名字段或其他可通过人工判断需要关联的记录。采用款目连接字段聚合方式。为款目连接字段相同的记录采用K2聚合类型，分配相同的FrbrID，使之实现汇聚。FRBR矢量的字段简况如表15、表16所示。

表15　CNMARC的FRBR矢量取值

矢量组成	来源	键值类型	附注说明
T	1		CNMARC
K1	701/702	A（责任者）	选取子字段$a, $b，外国责任者选取子字段$a, $c, $f生成附加K1
	711/712		选取子字段$a, $b, $c, $d, $e, $f, $h
	721/722		选取子字段$a, $f
K2	500	TO（只取K2）	选取子字段$a
	501		选取子字段$a, $e
	049（联编自定义）		选取子字段$b
	430/440		选取子字段$a, $i，自定义聚合字段。人工辅助添加添加需要聚合记录的K值（需要做规范化处理，如去标点符号、字母统一小写等）
	432/442		选取子字段$a，自定义聚合字段。处理方式同上
	451/452/453/454/455/456		选取子字段$b，自定义聚合字段。处理方式同上
	540		选取子字段$a
	541		选取子字段$a $e
K3	200	T（题名）	选取子字段$a $i
	200		选取子字段$d
	510/512/513/514/515/516/517/518		选取子字段$a $e

表 16　MARC21 的 FRBR 矢量取值

矢量组成	来源	键值类型	附注说明
T	1		MARC21
K1	100/110/700/710	A(责任者)	选取子字段$a, $b, $c, $d
	111/711		选取子字段$a, $b, $c, $d, $n, $q
K2	130	T0(只取 K2)	选取子字段$a, $d, $m, $n, $p, $r, $s
	049(联编自定义)		选取子字段$b
	430/440		选取子字段$a, $i,自定义聚合字段。人工辅助添加添加需要聚合记录的 K 值(需要做规范化处理,如去标点符号、字母统一小写等)
	432/442		选取子字段$a,自定义聚合字段。处理方式同上
	451/452/453/454/455/456		选取子字段$b,自定义聚合字段。处理方式同上
K3	240	T(题名)	选取子字段$a, $d, $m, $n, $p, $r, $s
	242/245/246/247		选取子字段$a
	740		选取子字段$a

第二种 T 聚合类型:共同题名 + 出版者聚合规则

针对多卷书记录而非年鉴记录的聚合需要,在默认聚合类型基础上扩展而成。其中 K1(表示出版者,类型 A),K2(自定义,表示只取题名,类型 TO),K3(表示题名,类型 T)。

- 键值类型为 A 或 T,将 K1 和 K3 组合生成待匹配的匹配值,缺失 K1 或 K3 都不生成待匹配的匹配值。

适用范围:多卷书记录而非年鉴记录。为题名/出版者相同的多卷书记录分配相同的 FrbrID,使之实现汇聚;

- 键值类型为 TO,仅取 K2 生成一个待匹配的匹配值。只要该条记录符合应该分配为 K2 的条件,就会仅根据 K2 值进行相关书目的聚合。

适用范围:超作品记录。将原著作品与其衍生关系作品、描述关系作品和伴随关系作品等共同形成超作品。为附加题名相同的超作品采用 K2 聚合类型,分配相同的 FrbrID,使之实现汇聚。

FRBR 矢量的字段简况如表 17、表 18 所示。

表17　CNMARC的FRBR矢量取值

矢量组成	来源	键值类型	附注说明
T	2		CNMARC
K1	210	A(出版者)	选取子字段$c
K2	501	T0(只取K2)	选取子字段ae
K3	200	T(题名)	选取子字段$a

表18　MARC21的FRBR矢量取值

矢量组成	来源	键值类型	附注说明
T	2		MARC21
K1	260	A(出版者)	选取子字段$b
K3	245	T(题名)	选取子字段$a

第三种T聚合类型:题名+出版地聚合规则

针对报刊的聚合需要,在默认聚合类型基础上扩展而成。其中K1(表示出版地,类型A),K3(表示题名,类型T)。

- 键值类型为A或T,将K1和K3组合生成待匹配的匹配值,缺失K1或K3都不生成待匹配的匹配值。

适用范围:期刊和报纸记录。为题名/出版地相同的报刊记录分配相同的FrbrID,使之实现汇聚。

FRBR矢量的字段简况如表19、表20所示。

表19　CNMARC的FRBR矢量取值

矢量组成	来源	键值类型	附注说明
T	3		CNMARC
K1	210	A(出版地)	选取子字段$a
K3	200	T(题名)	选取子字段$a

表20　MARC21的FRBR矢量取值

矢量组成	来源	键值类型	附注说明
T	3		MARC21
K1	260	A(出版地)	选取子字段$a
K3	245	T(题名)	选取子字段$a

第四种 T 聚合类型:不进行聚合操作

如果某条记录,不希望参与 FRBR 化操作,可以设置为 99。

此外,为了实现第 5、6 项展示服务内容,还做了如下链接跳转的规定,以实现书目记录间关系的揭示。

(1)规范 307 字段。适用范围:书附盘与盘附书附件的数据连接和跳转。

(2)ISBN/ISSN/ISRC 链接。适用范围:实现同号数据的连接和跳转。

(3)馆藏链接 + 数字资源链接 + 外部书目系统链接,实现馆藏数据连接和跳转,实现传统文献到数字资源的连接和跳转,实现其他书目系统的连接和跳转。

第五节　发布与管理

中国国家书目的 FRBR 化是针对全库数据开展的,但是考虑到历史数据的复杂性,利用 Primo 系统搭建的中国国家书目并没有一次性将历史数据全部进行发布,而是按年度经人工审校、预处理后予以发布。需要人工进行国家书目年度基础数据和关联数据的灌装,再由系统根据算法自动计算匹配值,分配 FrbrID,实现 FRBR 化聚合。下面以 2011 年国家书目数据为例,实施中国国家书目的 FRBR 化聚合。

一、提取“图书”类关联数据

以 2011 年“图书”数据为基础,将 2000 年后作品、内容表达、载体表现等不同层面提取 FRBR 概念并与基础数据关联的数据一并提取并灌装入国家书目中。数据提取流程见图 50、图 51、图 52,经过人工干预和程序处理后,将基础数据和关联数据全部装入到国家书目发布系统(http://cnbs.nlc.cn),进行公开发布。并在发布界面再按照语种等不同的内容表达,如主题、出版者、责任者、出版年等进行二次检索或分面聚合。发布与灌装流程见图 53。

关联数据提取条件如下:

时间:出版年 > =2000 年

关联一:相同 ISBN、ISSN 的数据

关联二:307 附件附注字段中涉及的 ISBN、ISRC 数据。

关联三:相同题名和责任者的数据

关联四:拥有相同多卷共同题名和相同出版社的数据

关联五：等同于连续出版物的年鉴数据

关联六：丛编数据

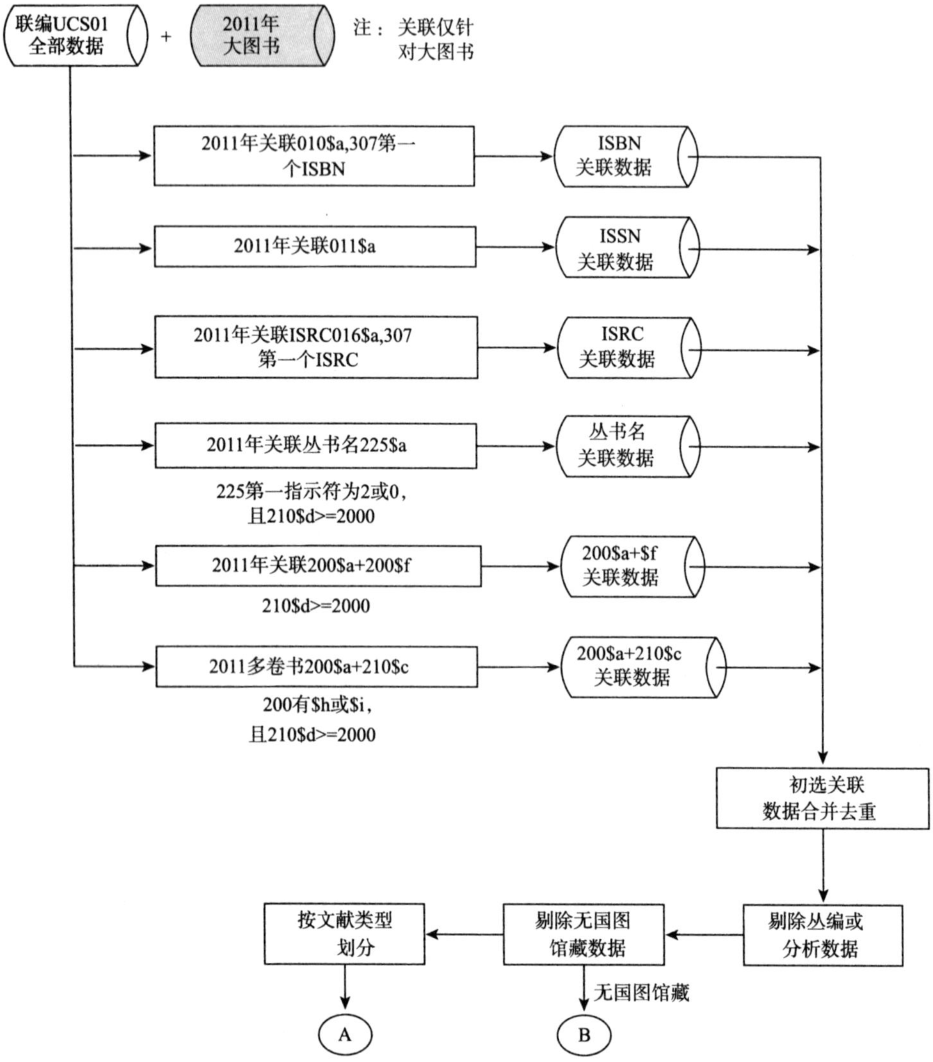

国家书目——选取2011年大图书关联数据1

图 50 图书关联数据 1

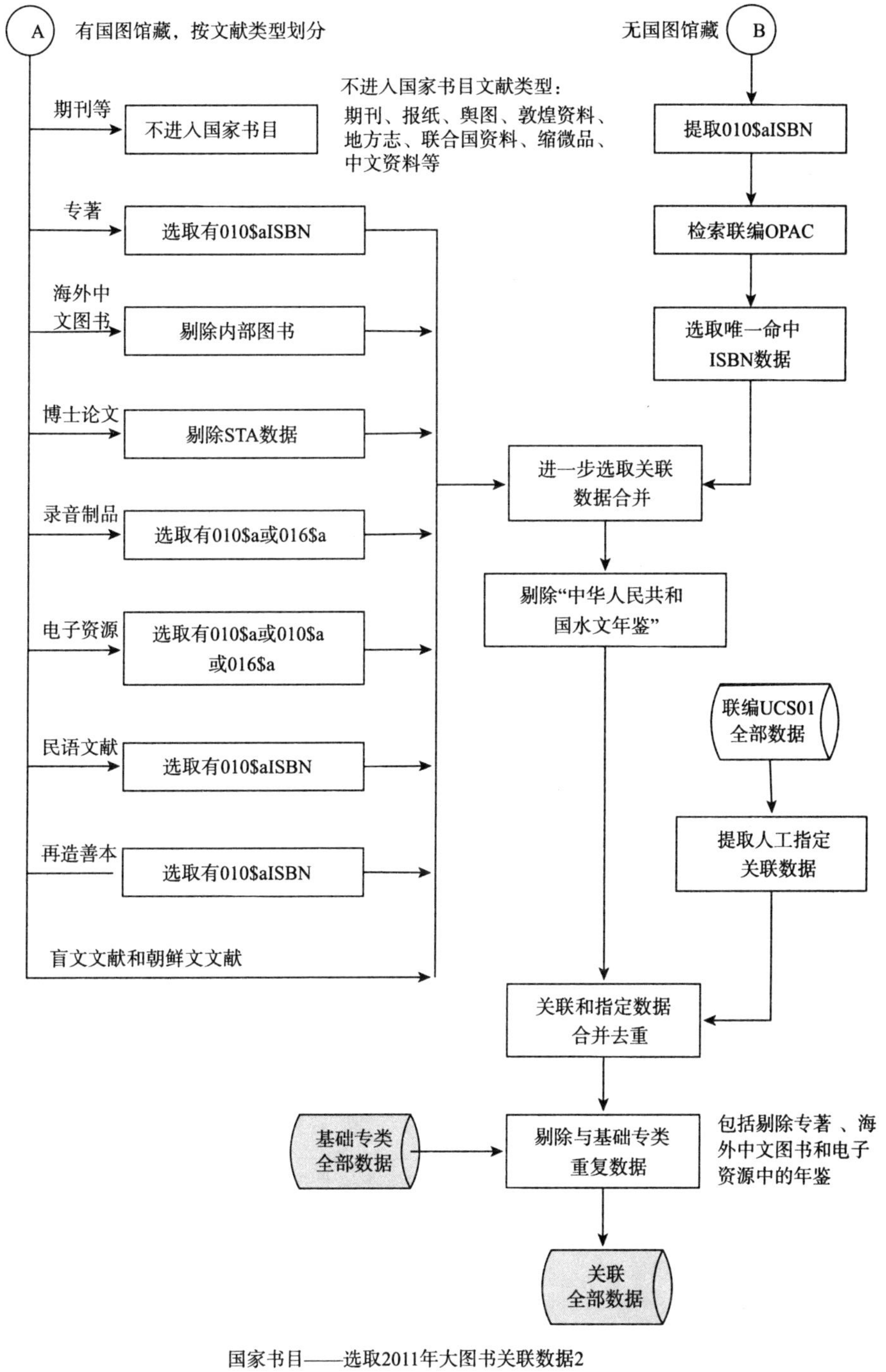
A
有国图馆藏，按文献类型划分
无国图馆藏
B
期刊等
不进入国家书目
不进入国家书目文献类型：
期刊、报纸、舆图、敦煌资料、
地方志、联合国资料、缩微品、
中文资料等
提取010$aISBN
专著
选取有010$aISBN
检索联编OPAC
海外中
文图书
剔除内部图书
选取唯一命中
ISBN数据
博士论文
剔除STA数据
进一步选取关联
数据合并
录音制品
选取有010$a或016$a
剔除“中华人民共和
国水文年鉴”
电子资源
选取有010$a或010$a
或016$a
联编UCS01
全部数据
民语文献
选取有010$aISBN
提取人工指定
关联数据
再造善本
选取有010$aISBN
盲文文献和朝鲜文文献
关联和指定数据
合并去重
基础专类
全部数据
剔除与基础专类
重复数据
包括剔除专著、海
外中文图书和电子
资源中的年鉴
关联
全部数据
国家书目——选取2011年大图书关联数据2

图 51　图书关联数据 2

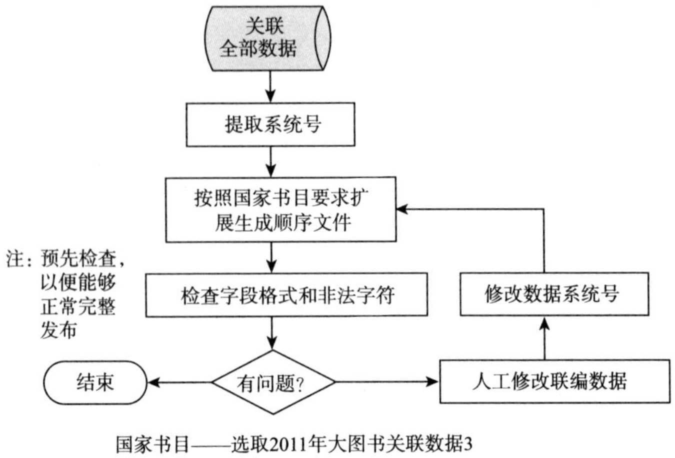

图 52　图书关联数据 3

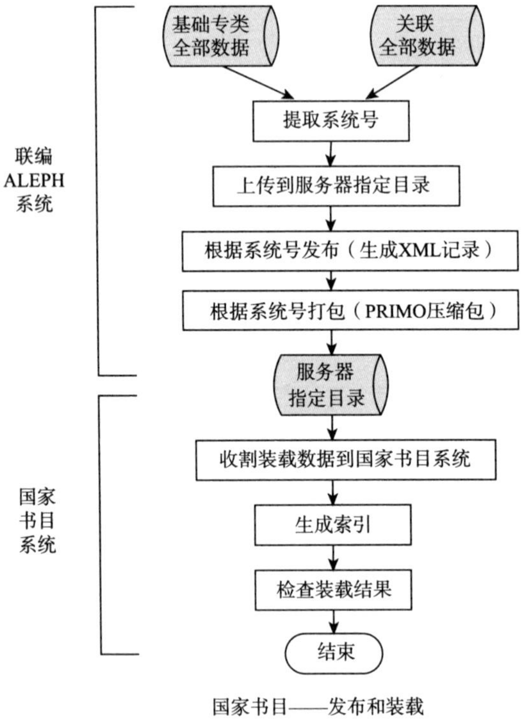

图 53　发布和装载

2011 年基础数据和关联数据提取结果见表 21、表 22、表 23。

表 21　UCS01 库 2011 年基础数据

文献类型	记录数量	备注
专著	187 000	文献类型:图书
盲文文献	81	
海外中文图书	13 400	
民语文献	2650	
민족어문문헌	576	
年鉴	32 656	
录音制品	755	文献类型:音像电子出版物
电子资源	7310	
期刊	9598	文献类型:期刊
报纸	1451	文献类型:报纸
博士论文	40 905	文献类型:学位论文
总计	296 382	

表 22　UCS01 库关联数据

文献类型	记录数量	备注
专著	120 238	剔除年鉴,取 010$a
盲文文献	42	
海外中文图书	4764	剔除内部书,剔除年鉴
博士论文	707	
录音制品	514	取有 010$a 或 016$a
电子资源	4747	剔除年鉴,再取有 010$a 或 011$a 或 016$a
民语文献	1447	取 010$a
민족어문문헌	559	
其余	48	取 010$a,再造善本
无国图馆藏	7334	选取 ISBN 唯一
人工指定	70	指定 91 条,与上面数据重复 21 条
总计	140 470	

表 23 UCS09 库(MARC21)数据

文献类型	记录数量	备注
专著	652	文献类型:图书基础数据
期刊	320	文献类型:期刊基础数据
报纸	10	文献类型:报纸基础数据
人工指定	374	关联数据

二、数据处理

中国国家书目系统将所有不同来源不同格式的数据都进行了规范化和结构化处理,最终以一种 XML 格式进行存储。对于数据处理分两部分,一部分是人工干预,一部分是程序处理。

人工干预工作如下:

1. 挂接规范数据

对于一些属于同一作者或相同作品,但由于不同历史时期著录规则不同、翻译形式不同,或者著录错误使得一些责任者和题名形式与规范记录不相同,未能挂接其对应的规范记录的书目,进行了人工干预,有的修订编目错误,有的完善关联关系。

示例:

A:200 $a 飘 500 $a 飘 701 $c(美) $a 米切尔 $c(女,Mitchell,Margaret$f 1900—1949) $4 著

B:200 $a 乱世佳人 500$a 飘 701 $c(美) $a 米切尔 $c(女,Mitchell,Margaret$f 1900—1949) $4 著

A 与 B 因为统一题名 500 和主要责任者 701 一致,聚合到一起显示。

2. 增加年鉴匹配键值

年鉴类的文献,遍及中文普通图书、电子资源、港台文献、期刊、资料等不同文献类型,由于出版不规范,在日常编目时依据客观著录原则,常常导致同一种年鉴的题名项(200$a)内容并不一致,为了汇集此类文献,需要人工按相关编目规则添加 540 字段,以确保同一种年鉴数据能够通过 CNMARC 格式的 200$a 或 540$a 字段题名完全一致的原则在国家书目平台上实现聚合展示效果。

示例:

例 1:对于 200$a 字段一致的,聚合在一起,例如:

A:200$a 中国农垦统计年鉴 $h 2011$f 叶长江主编

B：200$a 中国农垦统计年鉴 $h 2010$f 何子阳主编

A 与 B 聚合到一起显示。

例 2：对于一些 200$a 和其他数据的 540 字段$a 一致的数据，或者 540 字段$a 相互一致的数据进行聚合。例如：

A：200$a 贰零零五年中国画艺术年鉴

540$a 中国画艺术年鉴 $h 2005

B：200$a 贰零零肆年中国画艺术年鉴

540$a 中国画艺术年鉴 $h 2004

C：200$a2006 年中国画艺术年鉴

540$a 中国画艺术年鉴 $h 2006

D：200$a 中国画艺术年鉴$h 2003（人工编制的数据）

希望 A、B、C、D 应聚合在一起显示。

说明：此类数据需要人工改造增加 540 字段，并将 540 字段在国家书目系统中作为 K2 取值，实现聚合；此类数据需要纳入正常编目流程中从源头规范，以后在常规编目中注意加以完善整合。

3. 规范 307 附件附注字段

为了能够实现 307 附件之间的关联和跳转，人工重新规范了数据中的 307 字段，对于每一个有正式出版号的实体附件对应做一个 307 字段。

（1）让 307 字段中 ISBN 或 ISRC 后面以 9 或 7 - 开头或者 CN 开头的字符串，可进行再次检索。

（2）进行用 ISBN 或者 ISRC 号再次检索时，如果有对应全文资源则直接跳转到相应的全文资源，如有对应的书目数据则显示相应的数据结果，如果无命中则反馈检索结果为当前数据。

例："附光盘：ISBN 978 - 7 - 89459 - 395 - 5 炒股软件一点通"（注：附书、附盘参照此格式。如有尺寸、页码及题名等信息，在 ISBN 号后空一格后著录）

4. 为不同语种的同一作品增加人工关联

由于中外文数据库分别采用了中文规范库和外文规范库，各自又分别采用不同的规范数据形式，造成同一作品的不同译本无法直接通过上述聚合规则进行聚合，需要人工增加不同译本直接的关联关系。为了实现相同作品但不同译本的汇聚，人工在将外文译本书目数据中追加了中文版本的系统号信息。

示例：

例 1：

A:24500$a 中国共産党のことご存知ですか

<k2>$$Kucs01004906283$$ATO</k2>

B:24500$aKennen Sie die Kommunistische Partei Chinas?

<k2>$$Kucs01004906283$$ATO</k2>

C:24500$aQue savez-vous du Parti communiste chinois?

<k2>$$Kucs01004906283$$ATO</k2>

D:2001$a 你了解中国共产党吗

<k2>$$Kucs01004906283$$ATO</k2>

（注：希望 A、B、C、D 聚合在一起显示，人工追加了中文版的系统号，并将该值在国家书目系统中作为 K2 取值，实现跨语种的聚合）

也可以通过人工补充完善题名规范数据和名称规范数据，增加统一题名等方式实现数据汇聚。

例 2：

补充完善题名规范数据，如图 54、图 55 所示。

系统号	000293825
名称标目	你了解中国共产党吗？
名称标目	ni liao jie zhong guo gong chan dang ma?
标目附注	李君如著。
单纯参照	中国共産党のことご存知ですか
单纯参照	Kennen Sie die Kommunistische Partei Chinas?
单纯参照	Que savez-vous du Parti communiste chinois?

图 54 《你了解中国共产党吗？》部分题名规范数据

名称标目	李君如(1947～)
名称标目	li jun ru
标目附注	研究员，中共中央党校副校长、全国邓小平理论研究会副会长。著有《邓小平理论研究文库》等。
标目附注	上海　籍贯：浙江鄞县
标目附注	政治学
标目附注	中共中央党校
单纯参照	Li Junru(1947～)
单纯参照	Li Chün-ju(1947～)

图 55 李君如的部分名称规范数据

A:24500$a 中国共産党のことご存知ですか

1001 $a Li,Junru, $d 1947 -

B:24500$aKennen Sie die Kommunistische Partei Chinas?

1001 $a Li,Junru, $d 1947 -

C:24500$aQue savez-vous du Parti communiste chinois?

1001 $a Li,Junru, $d 1947 -

D:2001$a 你了解中国共产党吗

701 0$a 李君如$f(1947 -) $4 著 $9 li jun ru

5. 赋值分组

每一条数据装进系统时,都会为其创建一个矢量,该矢量包括聚合类型和键值。

- <frbr>

<t>1</t>

<k1>$$K 鲁迅$$AA</k1>

<k1>$$K 鲁迅 1881 - 1936$$AA</k1>

<k2>$$Kucs01000572704$$ATO</k2>

<k3>$$K 朝花夕拾$$AT</k3>

</frbr>

6. 关联规范

对于挂接有规范数据的书目数据,在装入国家书目系统时会将对应的规范数据一并作为检索点写入该条书目数据中,以达到通过规范进行检索和聚合的目的。

例:

- <search>

<creatorcontrib>鲁迅著</creatorcontrib>

<creatorcontrib>鲁迅(1881 - 1936)</creatorcontrib>

<creatorcontrib>鲁迅</creatorcontrib>

<creatorcontrib>动轩(1881 - 1936)</creatorcontrib>

<creatorcontrib>tao zhui</creatorcontrib>

<creatorcontrib>yuan gen</creatorcontrib>

<creatorcontrib>zhong la</creatorcontrib>

<creatorcontrib>xia guan</creatorcontrib>

<creatorcontrib>xun xing</creatorcontrib>

<creatorcontrib>ming zhao</creatorcontrib>

<creatorcontrib>chu guan</creatorcontrib>
<creatorcontrib>geng chen</creatorcontrib>
<creatorcontrib>ge he de</creatorcontrib>
<creatorcontrib>EL(1881 - 1936)</creatorcontrib>
<creatorcontrib>唐丰瑜(1881 - 1936)</creatorcontrib>
<creatorcontrib>封余(1881 - 1936)</creatorcontrib>
<creatorcontrib>邓当世(1881 - 1936)</creatorcontrib>
<creatorcontrib>乐贲(1881 - 1936)</creatorcontrib>
<creatorcontrib>家干(1881 - 1936)</creatorcontrib>
<creatorcontrib>迅行(1881 - 1936)</creatorcontrib>
<creatorcontrib>冥昭(1881 - 1936)</creatorcontrib>
<creatorcontrib>白舌(1881 - 1936)</creatorcontrib>
<creatorcontrib>俟堂(1881 - 1936)</creatorcontrib>
<creatorcontrib>自树(1881 - 1936)</creatorcontrib>
<creatorcontrib>巴人(1881 - 1936)</creatorcontrib>
<creatorcontrib>yan zhi ao zhe</creatorcontrib>
<creatorcontrib>焉于(1881 - 1936)</creatorcontrib>
<creatorcontrib>齐物论(1881 - 1936)</creatorcontrib>
<creatorcontrib>何家干(1881 - 1936)</creatorcontrib>
<creatorcontrib>L. S. (1881 - 1936)</creatorcontrib>
<creatorcontrib>Lu, Xun(1881 - 1936)</creatorcontrib>
<creatorcontrib>白在宣(1881 - 1936)</creatorcontrib>
<creatorcontrib>莫朕(1881 - 1936)</creatorcontrib>
<creatorcontrib>遐观(1881 - 1936)</creatorcontrib>
<creatorcontrib>葛何德(1881 - 1936)</creatorcontrib>
<creatorcontrib>乐文(1881 - 1936)</creatorcontrib>
<creatorcontrib>桃椎(1881 - 1936)</creatorcontrib>
<creatorcontrib>Chou, Shu-jen(1881 - 1936)</creatorcontrib>
<creatorcontrib>令飞(1881 - 1936)</creatorcontrib>
<creatorcontrib>赵令仪(1881 - 1936)</creatorcontrib>
<creatorcontrib>chu guan bing sou</creatorcontrib>
<creatorcontrib>Chow, Shoo-jin(1881 - 1936)</creatorcontrib>

<creatorcontrib>zhao ling yi</creatorcontrib>
<creatorcontrib>zhou shu ren</creatorcontrib>
<creatorcontrib>令斐(1881－1936)</creatorcontrib>
<creatorcontrib>敖者(1881－1936)</creatorcontrib>
<creatorcontrib>孺牛(1881－1936)</creatorcontrib>
<creatorcontrib>虞明(1881－1936)</creatorcontrib>
<creatorcontrib>符灵(1881－1936)</creatorcontrib>
<creatorcontrib>许遐(1881－1936)</creatorcontrib>
<creatorcontrib>宓子章(1881－1936)</creatorcontrib>
<creatorcontrib>树(1881－1936)</creatorcontrib>
<creatorcontrib>韦士繇(1881－1936)</creatorcontrib>
<creatorcontrib>索子(1881－1936)</creatorcontrib>
<creatorcontrib>杜斐(1881－1936)</creatorcontrib>
<creatorcontrib>旅隼(1881－1936)</creatorcontrib>
<creatorcontrib>阿二(1881－1936)</creatorcontrib>
<creatorcontrib>阿法(1881－1936)</creatorcontrib>
<creatorcontrib>俟(1881－1936)</creatorcontrib>
<creatorcontrib>索士(1881－1936)</creatorcontrib>
<creatorcontrib>周动轩(1881－1936)</creatorcontrib>
<creatorcontrib>佩韦(1881－1936)</creatorcontrib>
<creatorcontrib>雪之(1881－1936)</creatorcontrib>
<creatorcontrib>中头(1881－1936)</creatorcontrib>
<creatorcontrib>史癖(1881－1936)</creatorcontrib>
<creatorcontrib>燕客(1881－1936)</creatorcontrib>
<creatorcontrib>宴之敖者(1881－1936)</creatorcontrib>
<creatorcontrib>荀继(1881－1936)</creatorcontrib>
<creatorcontrib>周玉才(1881－1936)</creatorcontrib>
<creatorcontrib>霍冲(1881－1936)</creatorcontrib>
<creatorcontrib>bai zai xuan</creatorcontrib>
<creatorcontrib>长庚(1881－1936)</creatorcontrib>
<creatorcontrib>苗挺(1881－1936)</creatorcontrib>
<creatorcontrib>史贲(1881－1936)</creatorcontrib>

<creatorcontrib>游光(1881-1936)</creatorcontrib>
<creatorcontrib>华圉(1881-1936)</creatorcontrib>
<creatorcontrib>晓角(1881-1936)</creatorcontrib>
<creatorcontrib>戛剑生(1881-1936)</creatorcontrib>
<creatorcontrib>he gan</creatorcontrib>
<creatorcontrib>ta yin</creatorcontrib>
<creatorcontrib>bai she</creatorcontrib>
<creatorcontrib>yue ke</creatorcontrib>
<creatorcontrib>le fen</creatorcontrib>
<creatorcontrib>jia gan</creatorcontrib>
<creatorcontrib>suo zi</creatorcontrib>
<creatorcontrib>bu tang</creatorcontrib>
<creatorcontrib>xun ji</creatorcontrib>
<creatorcontrib>yan ao</creatorcontrib>
<creatorcontrib>ming se</creatorcontrib>
<creatorcontrib>si tang</creatorcontrib>
<creatorcontrib>pei wei</creatorcontrib>
<creatorcontrib>shi pi</creatorcontrib>
<creatorcontrib>suo shi</creatorcontrib>
<creatorcontrib>zi ming</creatorcontrib>
<creatorcontrib>zun gu</creatorcontrib>
<creatorcontrib>ao zhe</creatorcontrib>
<creatorcontrib>lu sun</creatorcontrib>
<creatorcontrib>尤刚(1881-1936)</creatorcontrib>
<creatorcontrib>庚言(1881-1936)</creatorcontrib>
<creatorcontrib>tang feng yu</creatorcontrib>
<creatorcontrib>明瑟(1881-1936)</creatorcontrib>
<creatorcontrib>feng zhi yu</creatorcontrib>
<creatorcontrib>白道(1881-1936)</creatorcontrib>
<creatorcontrib>倪朔尔(1881-1936)</creatorcontrib>
<creatorcontrib>he jia gan</creatorcontrib>
<creatorcontrib>hua yue se</creatorcontrib>

< creatorcontrib > 苇索(1881 - 1936) </creatorcontrib >
< creatorcontrib > 张沛(1881 - 1936) </creatorcontrib >
< creatorcontrib > jing yi zun </creatorcontrib >
< creatorcontrib > 及锋(1881 - 1936) </creatorcontrib >
< creatorcontrib > 尊古(1881 - 1936) </creatorcontrib >
< creatorcontrib > 余铭(1881 - 1936) </creatorcontrib >
< creatorcontrib > mi zi zhang </creatorcontrib >
< creatorcontrib > 冬华(1881 - 1936) </creatorcontrib >
< creatorcontrib > ni shuo er </creatorcontrib >
< creatorcontrib > 不堂(1881 - 1936) </creatorcontrib >
< creatorcontrib > 隋洛文(1881 - 1936) </creatorcontrib >
< creatorcontrib > 中拉(1881 - 1936) </creatorcontrib >
< creatorcontrib > 翁隼(1881 - 1936) </creatorcontrib >
< creatorcontrib > sui luo wen </creatorcontrib >
< creatorcontrib > 唐俟(1881 - 1936) </creatorcontrib >
< creatorcontrib > 常庚(1881 - 1936) </creatorcontrib >
< creatorcontrib > xiao hai zi </creatorcontrib >
< creatorcontrib > 茹纯(1881 - 1936) </creatorcontrib >
< creatorcontrib > 杜德机(1881 - 1936) </creatorcontrib >
< creatorcontrib > zhang lu ru </creatorcontrib >
< creatorcontrib > 越侨(1881 - 1936) </creatorcontrib >
< creatorcontrib > 何干(1881 - 1936) </creatorcontrib >
< creatorcontrib > 越客(1881 - 1936) </creatorcontrib >
< creatorcontrib > 直(1881 - 1936) </creatorcontrib >
< creatorcontrib > 罗抚(1881 - 1936) </creatorcontrib >
< creatorcontrib > 崇巽(1881 - 1936) </creatorcontrib >
< creatorcontrib > 周树(1881 - 1936) </creatorcontrib >
< creatorcontrib > 栾廷石(1881 - 1936) </creatorcontrib >
< creatorcontrib > 直入(1881 - 1936) </creatorcontrib >
< creatorcontrib > 敬一尊(1881 - 1936) </creatorcontrib >
< creatorcontrib > 丰瑜(1881 - 1936) </creatorcontrib >
< creatorcontrib > 曼雪(1881 - 1936) </creatorcontrib >

<creatorcontrib>孟弧(1881-1936)</creatorcontrib>
<creatorcontrib>越丁(1881-1936)</creatorcontrib>
<creatorcontrib>luan ting shi</creatorcontrib>
<creatorcontrib>宴敖(1881-1936)</creatorcontrib>
<creatorcontrib>仲度(1881-1936)</creatorcontrib>
<creatorcontrib>姜珂(1881-1936)</creatorcontrib>
<creatorcontrib>Lu,Hsün(1881-1936)</creatorcontrib>
<creatorcontrib>楮冠病叟(1881-1936)</creatorcontrib>
<creatorcontrib>丁萌(1881-1936)</creatorcontrib>
<creatorcontrib>树人(1881-1936)</creatorcontrib>
<creatorcontrib>丰之余(1881-1936)</creatorcontrib>
<creatorcontrib>公汗(1881-1936)</creatorcontrib>
<creatorcontrib>洛文(1881-1936)</creatorcontrib>
<creatorcontrib>zhou dong xuan</creatorcontrib>
<creatorcontrib>越由(1881-1936)</creatorcontrib>
<creatorcontrib>庚辰(1881-1936)</creatorcontrib>
<creatorcontrib>黄凯音(1881-1936)</creatorcontrib>
<creatorcontrib>某生者(1881-1936)</creatorcontrib>
<creatorcontrib>卂(1881-1936)</creatorcontrib>
<creatorcontrib>梦文(1881-1936)</creatorcontrib>
<creatorcontrib>周树人(1881-1936)</creatorcontrib>
<creatorcontrib>乐雯(1881-1936)</creatorcontrib>
<creatorcontrib>张承禄(1881-1936)</creatorcontrib>
<creatorcontrib>且介(1881-1936)</creatorcontrib>
<creatorcontrib>deng dang shi</creatorcontrib>
<creatorcontrib>神飞(1881-1936)</creatorcontrib>
<creatorcontrib>周豫才(1881-1936)</creatorcontrib>
<creatorcontrib>康伯度(1881-1936)</creatorcontrib>
<creatorcontrib>朔尔(1881-1936)</creatorcontrib>
<creatorcontrib>它音(1881-1936)</creatorcontrib>
<creatorcontrib>迅(1881-1936)</creatorcontrib>
<creatorcontrib>元艮(1881-1936)</creatorcontrib>

<creatorcontrib>华约瑟(1881－1936)</creatorcontrib>
<creatorcontrib>许霞(1881－1936)</creatorcontrib>
<creatorcontrib>楮冠(1881－1936)</creatorcontrib>
<creatorcontrib>张禄如(1881－1936)</creatorcontrib>
<creatorcontrib>黄棘(1881－1936)</creatorcontrib>
<creatorcontrib>ELEF(1881－1936)</creatorcontrib>
<creatorcontrib>董季荷(1881－1936)</creatorcontrib>
<creatorcontrib>豫才(1881－1936)</creatorcontrib>
<creatorcontrib>予明(1881－1936)</creatorcontrib>
<creatorcontrib>康郁(1881－1936)</creatorcontrib>
<creatorcontrib>风声(1881－1936)</creatorcontrib>
<creatorcontrib>小孩子(1881－1936)</creatorcontrib>
<creatorcontrib>mou sheng zhe</creatorcontrib>
</search>

7. 批加电子全文链接

对于已有的自建和购买的电子文献的数据，采用批加 856 字段方式进行匹配链接，生成数字馆藏链接。

程序处理，分组聚合。

系统按照发布管理流程，根据用户设置好的算法对 K 值进行匹配，尝试匹配记录中的所有键，当有一个 K 值和其他数据匹配上了，就被添加到同一个 FRBR 组，并分配 FrbrID(在系统内记录为 GROUPID)。该系统默认每条记录只能属于一个作品，一旦一条记录与其他记录匹配上了，即已经有了一个 GROUPID，系统就不再对该条记录进行二次分组。

示例：

例 1：

记录 A

T1

K1 carroll lewis 1832—1898

K3 alices adventures in wonderland

K3 alice in wonderland

将生成 2 个 key

A1：carroll lewis 1832—1898 alices adventures in wonderland

A2:carroll lewis 1832—1898 alice in wonderland

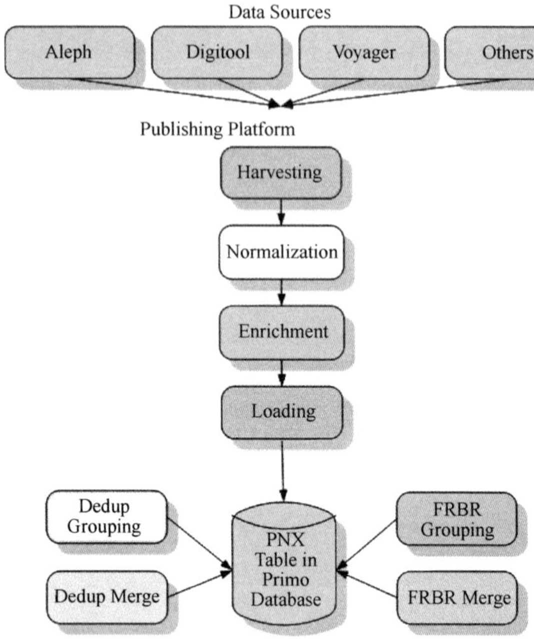

图 56 数据装载流程图

记录 B

T1

K1 carroll lewis 1832—1898

K3 alices adventures in wonderland

K3 allibillilokamloamayikatha

也生成 2 个 key

B1:carroll lewis 1832—1898 alices adventures in wonderland

B2:carroll lewis 1832—1898 allibillilokamloamayikatha

记录 A 的 A1 key 和记录 B 的 B1 key 相同,两条记录进行 FRBR 聚合。

例 2:

记录 C

T1

K1 chorpenning charlotte b

K3 alice in wonderland

将生成 1 个 key

C1:chorpenning charlotte b alice in wonderland

记录 D

T1

K1 copyright collection library of congress

K3 alice in wonderland

也生成 1 个 key

D1:copyright collection library of congress alice in wonderla

记录 C 和 D 的 key 值不同,不会进行 FRBR 的聚合。

第九章　中国国家书目 FRBR 化服务启示

第一节　FRBR 化服务实效

中国国家书目经过基础数据和关联数据装载入系统平台前的规范化处理、生成系统平台内部数据结构、生成 FrbrID 和系统平台前端检索结果展示等系列处置,中国国家书目系统实现了不同版本、不同语种、不同文献类型的同一作品的 FRBR 化整合服务,用户的检索体验较之普通的 OPAC 有了明显改善。截至目前,已经完成 2011—2016 年国内出版的图书、期刊、报纸、音像电子资源数据和国家图书馆收藏的 1949 年以后的年鉴数据以及 2010—2016 年的博士论文数据。

具体实现效果如下:

一、实现同一作品不同版本文献的聚合

齐邦媛的著作《巨流河》,由于 2009 年的台北软精装本、2011 年台北重印本和北京三联书店的 2010、2011、2012、2016 年本都提取了责任者—题名键值"齐邦媛女 1924—巨流河",系统为上述 6 个版本分配了相同的 FrbrID,自动将这 6 个版本聚合到一个 FRBR 组,从而实现同一作品不同版本文献的聚合,见图 57。

二、实现同一作品不同文献类型的聚合

图书《审美的诉求:沈从文文论研究》与学位论文《审美的诉求:沈从文文论研究》是同一作者不同文献类型的同一作品,同理也实现了聚合,见图 58。

图书《公民德性研究》与学位论文《论公民德性》是同一作者不同文献类型的相同作品,由于题名已经修改,通过人工干预和程序处理两种方式也实现了聚合,见图 59。

图 57　同一作品不同版本文献的聚合

图 58 同一作品不同文献类型的聚合

图 59 同一作品不同文献类型的聚合

三、实现同一作品不同语种的文献聚合

图书《你了解中国共产党吗》共有 9 个不同语言的版本，分别是朝鲜语、阿拉伯语、俄语、汉语、日语、法语、德语、西班牙语和英语版本。本书作者是李君如，原著是中文版，汇集的 9 个版本中，中文版与韩文版记录采用 CNMARC 格式，挂接了统一题名，生成的责任者—题名匹配值完全匹配，系统自动分配唯一的 FrbrID，其他版本采用的是 MARC21 格式，由于著录的责任者形式与 CNMARC 格式不同，因此导致责任者—题名匹配值不能与中文版或韩文版直接匹配。经人工干预增加了与原著记录的连接，取值时其中一个 K2（追加系统号）与中文版记录相同，按照算法，系统也将

其识别为同一 FRBR 组，分配相同的 FrbrID。或者经人工干预增加统一题名，补充完善主要责任者的名称规范，按照算法，系统也可以为这 9 个版本分配相同的 FrbrID 实现聚合。如图 60。

图 60　同一作品不同语种的文献聚合

四、实现“年鉴”类连续性出版物的聚合

“年鉴”类文献如果正题名和主要责任者未发生变化时，通过“责任者 + 题名”键值匹配方式可以直接实现汇聚，无须人工干预，见图 61。

“年鉴”类文献如果正题名或主要责任者发生变化或者形式不同时，无法通过“责任者 + 题名”键值的方式实现汇聚，考虑到内容的连续性，需要经人工干预追加相同 540 字段实现汇聚，取得了较好的呈现效果，如图 62。

图 61 “年鉴”类连续性出版物的聚合

图 62 “年鉴”类连续性出版物的汇集

五、实现同一出版社的多卷集的汇集

多卷书在内容上通常具有一定连续性，对于图书馆文献资源建设和个人读者利用而言，能够将此类文献一次检索统一输出都是十分有意义的。国家书目系统通过将“多卷共同题名 + 出版机构”取为关键值的方式来进行汇集，见图 63。

图 63 同一出版社的多卷集的汇集

六、实现同种期刊的聚合

对于具有相同正题名，相同出版地的期刊可以实现汇聚，如图 64。

七、实现超作品的聚合

原著作品与其衍生关系作品、描述关系作品和伴随关系作品等共同形成的作品集也被称为超作品。如图 65。

八、实现丛编项的二次聚合

从编类图书是一组相互关联而又各自独立的文献，每种文献除具有各自的题名外，还有一个整组文献的总题名，如图 66。

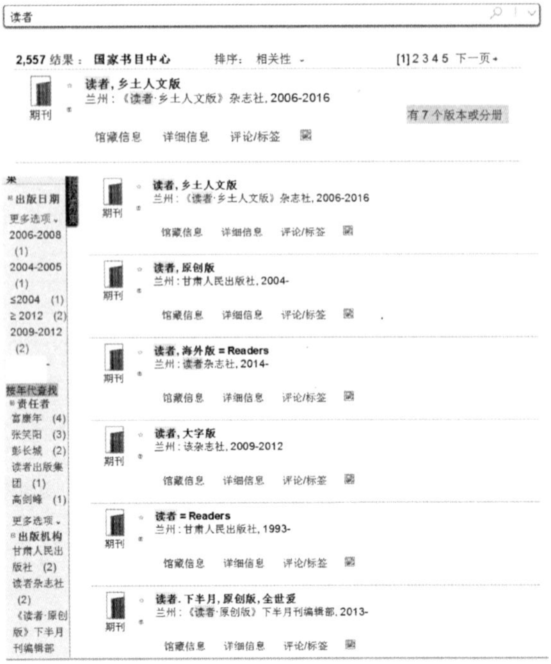

图 64　同种期刊的汇聚

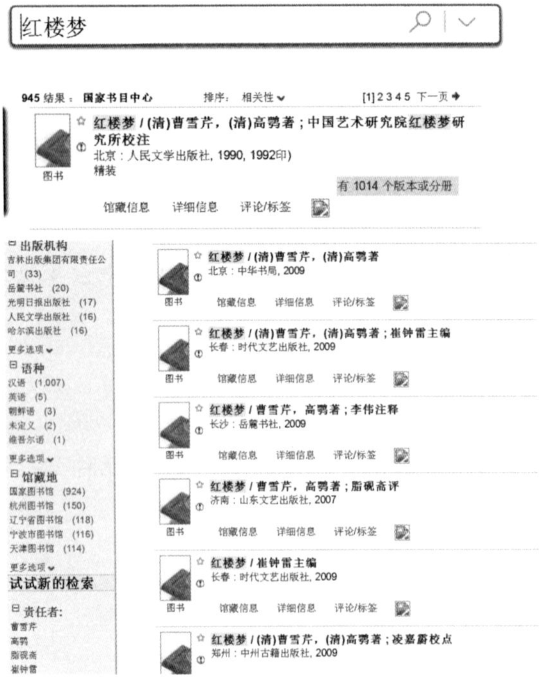

图 65　超作品的聚合

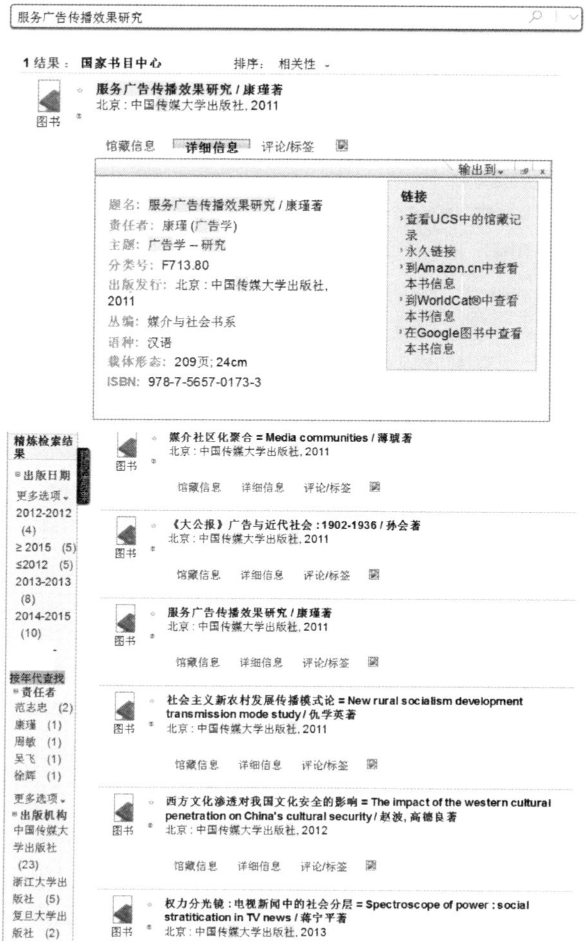

图 66　从编项的二次汇集

九、实现附件的关联检索

307 字段中 ISBN 或 ISRC 可进行再次检索时，如果有对应全文资源则直接跳转到相应的全文资源，如有对应的书目数据则显示相应的数据结果，如果无命中则反馈检索结果为当前数据。见图 67。

十、实现基于主题、出版日期等的分面聚合

通过分面的形式，提供主题、出版日期、语种、出版机构、馆藏地等 FRBR 第三组实体的关联聚合。见图 68。

总之，中国国家书目系统通过结构化数据辅助人工干预的方式，能够从不同层

面实现国家书目的 FRBR 化聚合,不仅更好地发挥了书目数据的作用,而且也为读者节约了检索时间,提高了检索效率。

图 67 附件的二次聚合

图 68 基于语种、出版机构、出版年代等不同内容表达的分面聚合

第二节　存在的问题

正如 K. Hegna 和 E. Murtomaa[①] 在 2002 年进行的芬兰和挪威的国家书目 FRBR 化实验中发现的那样，FRBR 模型中的元素一般都存在于书目数据或规范数据中，但是现有编目规则根本无法很好地适应该模型，无法准确地识别实体。中国国家书目实现了 FRBR 化，大大提升了书目检索效率和友好度，揭示了部分文献之间的关系，但是在 FRBR 化实施过程中，也遇到了一些问题和困惑。

一、编目规则的适应性问题

中国国家书目开展了书目数据的 FRBR 化改造并在一定程度上便利了读者利用，提高了书目揭示与服务的准确性和友好度。但是，实践证明，现有 MARC 数据的 FRBR 化不能实现全部的 FRBR 理念。MARC 格式的设计与 FRBR 实体—关系模型相距甚远。在现有文献编目规则下，有些知识服务元素在现有编目数据中不予著录或者不是结构化数据，难于通过数据再处理，实现作品聚合，开展知识服务。

1. 关系信息的揭示问题

关系是描述一个实体和其他实体之间连接的表达工具[②]。FRBR 模型中的实体及其关系是用户查询、识别和选择的基础。特别是实体关系的揭示是 FRBR 化的核心内容。无论是英国国家书目的 FRBR 化还是 OCLC 的 FRBR 化，及至中国国家书目的 FRBR 化都充分说明了书目关系越复杂的作品更能体现和验证 FRBR 模型的有效性[③]，也更能体现 FRBR 模型的优越性。现有编目规则和编目标准都是基于具体的文献对象，属于载体表现层内容，并没有清晰地给出作品或内容表达等实体信息，对各实体间的关系揭示的更是少之又少。

国家书目的 FRBR 化并不重构历史上积累下来的书目数据和规范数据，仅仅是对现有书目数据和规范数据进行挖掘和整合处理，进行 FRBR 化映射、聚合，以便揭示书目数据之间的关系。现有数据均来源于现行的书目记录体系，我们可以看出有

---

① HEGNA K，MURTOMAA E. Data mining MARC to find：FRBR？［EB/OL］.［2017－05－11］. http：//folk. uio. no/knuthe/dok/frbr/datamining. pdf.

② RDA 发展联合指导委员会. 资源描述与检索［M］. RDA 翻译工作组，译. 北京：国家图书馆出版社，2014：612.

③ 廖永霞. 中国国家书目的 FRBR 化实践与思考［J］. 图书情报工作，2013（17）：102－107.

些信息，如内容表达层的部分信息，在现有编目数据中没有具体体现，FRBR 化聚合时只好选择忽略部分内容表达层的聚合。虽然传统编目规则下，MARC 主要通过罗列的方式呈现书目数据结果，通过 4×× 字段等连接字段实现书目数据直接的关系，但是书目数据制作流程中，要么未描述这些连接字段，要么未用规范化的术语描述书目直接的关系，不利于后续计算机的自动处理等因素，造成现有书目数据的 FRBR 化时，有时效果会大打折扣。

2. 书目数据和规范数据的结构化问题

现有 MARC 记录的某些字段或子字段可能呈现多个实体的属性，某些附注字段往往采用自由行文方式给出，没有进行必要的结构化，导致很多 FRBR 概念信息无法由计算机自动提取，现有书目记录和规范记录均存在部分信息不是以结构化方式予以描述的问题。因此，数据的结构化处理，不仅是未来书目格式标准应着重解决的问题，在编目规则中也应给予足够重视①。

二、FRBR 模型的适用问题

FRBR 模型中作品和内容表达的划分界限比较模糊，影响实际处理效果。在批处理书目记录过程中，发现很多作品因责任者、文学体裁等著录形式不一致而不能为计算机所识别时，要实现作品、内容表达的汇聚，就需要进行部分人工干预。但是在人工干预过程中，受编目员个人判断影响很大，不同的编目处理导致结果差异也比较大。尤其对于一些含有修订、注释、校勘等少量改变是否构成新作品的判断标准很难统一。

1. 作品与内容表达的界定问题

在现有书目数据和规范数据中提取 FRBR 概念时，最主要是提取作品和内容表达层信息。更主要的是界定某实体属于一个新作品还是原著作品的一个新的内容表达，两者之间的界线有时非常模糊。具体表现在下列几个方面：

(1)修订作品。原则上，不改变原著作品性质的少量修订属于同一作品的不同内容表达，修订程度显著时就产生了一个新的作品。但是修订到什么程度就算修订程度显著则是仁者见仁智者见智了。有时，可能也会因为编目员对原著作品不够熟悉，无法判断修订程度是否显著；有时是编目员没有条件进行原著作品和修订作品的比较研究，无法判断修订程度是否显著；还有可能，编目员认为正在处置的作品已经显著到成为一个新作品，但是在描述主要责任者信息时，将原著作品的责任者写

---

① 朱青青. FRBR 化的应用现状及编目环节的应对策略[J]. 图书馆杂志，2017(2)：46－55.

在了主要责任者上。上述情况造成国家书目 FRBR 化时，选择忽略修订作品的聚合。

（2）集合作品。许多载体表现包含多个内容表达/作品。对于如全集、选集、文选、作品三部曲、合订作品等集合作品而言，这些所有描述作品的片段或多作品装订在一册的书目记录，是 FRBR 化项目很少探究的一个主题，通常会在数据处理环节作选择性的过滤①。

2. 内容表达概念的提取和聚合问题

除了多版本和多语种等相同内容表达或不同内容表达概念及其关系的提取和聚合外，其他内容表达层概念和关系，由于缺乏足够准确而翔实的信息，中国国家书目的 FRBR 化也选择忽略除除多版本和多语种外的部分内容表达概念及其关系的提取和聚合。

三、书目数据和规范数据的规范化问题

影响中国国家书目 FRBR 化效果的一个重要制约因素就是数据的规范化问题。数据的规范化问题除了书目数据和规范数据是否具有较高的编目水平和一致性外，主要体现在以下 3 个方面的数据规范化问题，这些问题往往导致同一作品因数据是否采用名称规范或题名规范而无法实现聚合，同一作品因数据规则差异而无法实现聚合等问题。

1. 书目数据是否已经挂接规范数据或者实施了规范控制

中国国家书目数据主要来源于全国图书馆联合目录，全国图书馆联合目录是由全国多个图书馆分别上传书目数据，共同建设和共同使用的数据库。全国图书馆联合编目数据未能全部实现规范控制，如名称规范、题名规范，造成同一作品规范控制后的数据与未实施规范控制的数据因为形式不同而无法聚合。

目前，除国家图书馆在建立和维护规范数据并实施规范控制、部分公共图书馆的部分上传数据已采用规范数据形式外，大多数公共图书馆由于图书馆自动化系统不支持规范控制功能，其书目数据不仅未采用规范形式，更是没有采用规范数据控制书目数据，即便是国家图书馆，在流程中完全实现名称规范控制的也仅限于普通图书，其他文献类型的日常编目都未能引入规范控制，导致联合编目系统内仍有部分书目数据未实现规范控制，或者责任者未建立或采用名称规范形式，题名未建立或采用统一题名形式。

---

① 朱青青. FRBR 化的应用现状及编目环节的应对策略［J］. 图书馆杂志，2017(2)：46－55.

2. 不同语种的规范数据形式不同

中文规范数据采用中文形式作为其首选规范形式，即规范形式，英文规范数据采用英文形式作为其首选规范形式，俄文规范数据采用俄文形式作为其首选规范形式，日文规范数据采用日文形式作为其首选规范形式，如，中国国家书目中《红楼梦》就有红楼梦、The Story of the Stone、Dream of the Red Chamber、호루몽、Le Reve dans le Pavillon rouge 、Сон В Красном Тереме、Der Traum der roten Kammer 、Il sogno della camera rossa 等规范形式，不同语种的数据提取出的实体形式也不同，造成同一作品因语种不同而无法直接聚合。

3. 数据细则的差异

一方面全国图书馆联合编目数据是历史积累的结果，不同的历史时期，基于服务和资源管理的需要，数据规则，特别是主要信息源等重要规则的变更，直接导致同一作品的信息项描述和标引的差异，进而造成作品和内容表达层的聚合错误，如，中国国家书目中《红楼梦》主编责任方式的作品，有些数据细则规定曹雪芹作为原著责任者应该放在主要责任者上，有些数据细则规定主编者应该放在主要责任者上，有些细则规定根据文献信息源上的责任者排序分别描述主要责任者和次要责任者。这些数据细则体现在书目数据和规范数据中时，往往造成同一作品的 FRBR 概念提取错误。要解决此类问题，一方面需要投入大量的人工、物力对历史数据进行考证和维护；另一方面，尽早确定全国统一可行的数据细则，特别是改编、修订、主编等文献的主要责任者认定规则以及文献描述规则。

四、作品集的聚合问题

FRBR 研究报告中尚未提及作品集的聚合问题。中国国家书目 FRBR 化服务中提供了年鉴类连续性出版物、多卷集等作品集的聚合，当然也提供了原著作品与其衍生关系作品、描述关系作品和伴随关系作品等共同形成的作品集即超作品的聚合。这些作品集的聚合是经大量人工干预后，系统按照一定算法进行聚合的，虽然不是严格意义上的 FRBR 概念及其关系，但是对提高读者服务的查全率和查准率意义重大。

五、系统功能限制问题

1. 切词问题

中国国家书目的 FRBR 概念及其关系的提取与聚合涉及大量的中文切词问题，系统软件的切词功能会直接影响检索结果和聚合结果。Primo 软件初期版本不支持切词功能，所有信息均切成独立的字，不记录各个字之间的顺序关系，这样就无法由计算机准确提取 FRBR 概念。后期软件通过升级的方式修订了这一错误。

2. FRBR 化算法与规则问题

Primo 系统中为每条记录只分配一个 FrbrID，各 FrbrID 之间没有层次关系，这就造成先将原著作品与衍生关系作品、描述关系作品和伴随关系作品等共同汇聚成超作品提供给读者，而后再按照原著作品、衍生关系作品、描述关系作品、伴随关系作品等进行二次细化汇聚的思路无法实现，最终只好根据中国国家书目系统中数据量和服务效果评估，严格提供作品的聚合，只有年鉴类连续性出版物或多卷集等实施了作品集计划外，不提供超作品的聚合，但是由于大量的历史数据原因，造成了部分"超作品"的汇聚结果。

第三节　思考与对策

数字时代的信息环境发生了显著的变化，国家书目的内涵和外延也发生了显著变化，中国国家书目在实现基本职能的基础上，还应该考虑如何从机制上保障更全面完整揭示与报道我国出版物的历史和现状，如何通过国家书目的建设总结反思现有信息组织规则和方法的有效性和适应性，如何通过国家书目、区域性书目或本单位书目的建设总结分析数据规范化的必要性以及如何推进开展书目数据的规范控制服务，如何进一步提升国家书目数据的价值，成为知识组织与知识服务网络的核心要素，为此，特提出如下四个方面的建议，希望中国国家书目能够充分借助互联网、语义网的发展优势，走出图书馆，成为更多用户使用的开放数据。

一、加快修订文献编目规则

中国国家书目的 FRBR 化服务一定程度上便利了读者利用，提高了书目揭示与服务的准确性和友好度。但是，实践证明，现有 MARC 数据的 FRBR 化不能实现全部的 FRBR 理念。有些 FRBR 概念难于提取或聚合。2011 年，IFLA 发布了《ISBD 统一版》，2013 年 3 月 31 日，美国国会图书馆开始启用 RDA 编目。2016 年 2 月完成《FRBR 图书馆参考模型》（FRBR-LRM），2016 年 4 月，美国国会图书馆推出 BIB-

FRAME 2.0 版书目框架模型等①,2017 年发布了 2016 年版本的《国际编目原则声明》(ICP)。国际编目环境与编目方法发生了巨大的变化,面对信息爆炸,能否对海量信息进行整理,提供知识服务是信息组织领域至关重要的课题。我国编目工作遵从的文献编目规则是 2005 年制定的,跟踪研究编目领域新趋势,新发展,加快修订文献编目规则迫在眉睫。

二、尽早加入虚拟国际规范文件(VIAF)

全国图书馆联合目录数据来自于多家文献单位,有些单位对题名、责任者等重要检索点实现了规范控制,采用了统一题名和名称规范以及主题规范,提高了文献的查全率和查准率。有些单位图书馆自动化管理软件还不支持规范控制功能或者没有意识到数据规范化的意义,这就造成国家中心每年投入巨大人工,进行文献的查重聚合,也让各单位馆藏目录检索服务效果大打折扣。另外,国家图书馆虽然实现了数据的规范控制,但是中文和外文的规范形式不同,造成跨文种的同一作品不能直接聚合,而需要人工增加附加题名等方式进行作品聚合。

名称规范建设对实现资源的 FRBR 化意义重大,对不同编目语种、不同数据格式的相关作品的汇集、区分能发挥重要作用。

VIAF 是由美国国会图书馆、法国国家图书馆、德国国家图书馆和 OCLC 共同建设的一个项目,其主要目标是实现不同来源名称规范数据的映射,使得人物、会议、组织、地理位置、作品等名称可以跨语种、跨规范形式一站式聚合显示。VIAF 将同一个人物或组织的不同国家不同语言形式的名称规范文件合并到一起,这也是 VIAF 项目能得到众多国家图书馆支持和参与的原因。VIAF 网站上公布的参与机构已经超过了 30 家,每个文献存藏单位既可以在线连接规范文件,选择自己国家语言形式的名称规范,还能够看到其他国家规定的名称规范,实现跨语种的作品聚合,进一步提高查全率和查准率,

中国国家图书馆应力争尽早加入 VIAF 项目,利用 VIAF 软件功能或跨语种规范数据的关联关系实现跨语种作品的检索和聚合。

三、实施发布关联数据

中国国家书目实现了互联网发布与服务,但还不是以关联数据形式发布,也未

---

① 张慧珠. FRBR 与 BIBFRAME 发展[EB/OL].[2017-05-15]. http://catweb.ncl.edu.tw/portal_g13_cnt.php? button_num=g13&folder_id=40.

发布数据之间的关联关系，同时，也无法通过搜索引擎等网络工具进行检索共享，无法直接与其他 Web 平台产生关联。2006 年提出关联数据，即希望给出万维网上发布和连接数据的一种技术框架，通过建立数据的标识符以及数据之间的关系，实现数据在网络平台上的分享与重用，以此来实现知识组织和知识发现。核心包括两部分，一部分是为数据建立标识符，以实现数据的网络发布；一部分是建立数据之间的关联关系，以实现数据之间的连接共享。国家图书馆作为中国国家书目中心，理应加快关联数据理论与应用研究，搭建关联数据注册与服务平台，实现《中国分类主题词表》和中国国家书目的关联数据发布服务，以便形成可动态关联的知识网络①，方便数据使用，也方便用户服务。

四、基于作品关系，优化细化现有流程

优化现行的数据细则、标准规范、数据制作流程等环节，在全面修订文献编目规则前，尽可能便于 FRBR 概念及其关系的提取和聚合，提高 FRBR 化实施实效。

1. 注重关系揭示

新的国际编目规则《资源描述与检索》将关系的揭示作为极为重要的一项内容。在现有流程中，启用了 RDA 的外文文献可以根据 RDA 的细则着重实体与关系的揭示，未启用 RDA 的中文文献也要参照 RDA，着重记录 FRBR 中所定义的作品、内容表达、载体表现和单件这些实体之间的内在关系。同时关联信息也不能再采用自由行文的方式给出，应进行数据的结构化，按照计算机容易理解的方式记录。

编目过程中，应该尽量利用关系代码或受控词表的方式来描述关系属性。

2. 加强数据规范化

基于作品关系，加强数据的规范化，具体如下：

（1）原著作品（如文学名著、国学典籍、译著等）

目前，我国大多数编目机构采用的责任者名称通常是照录文献信息源上的形式，名称规范工作普及不够。另外，面对出版中同作异名、翻译中同名异译的普遍现象，这些作品却极少采用统一题名字段，题名规范数量明显满足不了服务的需求。为辨识在文献中以不同名称形式和不同语种出现的责任者和题名，实现文献的关联聚合，提高查全率和查准率，可以做如下规范化：

①全面实施各文献类型的书目数据规范控制工作。

②重视题名规范制作，优先针对文学名著、国学典籍、译著等类型的作品进行题

---

① 沈志宏，张晓林. 关联数据及其应用现状综述［J］. 现代图书情报技术，2010(11)：1－9.

名规范。

③对于未实施规范控制的文献类型,制作书目数据时,应尽可能查询规范库,尽量采用规范形式,并挂接规范数据。尽可能采用 4×× 款目连接块,如 451 同一载体的其他版本、452 另一载体的其他版本、453 译为、454 译自等字段。这些连接字段可对同一作品的不同内容表达以及作品之间的关系予以适当揭示。

具体如下:

一部文献如果内容没有大的改变,应该视为同一作品,比如《红楼梦》的插图本、绣像本,程甲本、程乙本、洁本等,它们属于同一作品的不同内容表达。如有统一题名应著录 500 字段,标引基本一致。

例 1:

010 **$a7 - 207 - 07111 - 6$b 精装$dCNY10.50
200 1 *$a 昆虫记$b 专著$f(法)法布尔著$g 王丽萍译
210 **$a 哈尔滨$c 黑龙江人民出版社$d2007
215 **$a297 页$d21cm
225 2 *$a 世界经典名著文库$e 全译本
330 **$a 本书从原版《昆虫记》十册中选取部分章节,介绍了昆虫的生活习性,包括圣甲虫、松毛虫、灰毛虫、蟋蟀、黄蜂、萤火虫、灰蝗虫等。
461 *0$1001003371850
500 10$a 昆虫记
606 0 *$a 昆虫学$j 普及读物
690 **$aQ96 - 49$v4
701 *0$c(法) $a 法布尔$c(Fabre,Jean-Henri$f1823 - 1915) $4 著
702 *0$a 王丽萍$c(翻译) $4 译

例 2:

010 **$a978 - 7 - 5346 - 3830 - 5$dCNY11.00
200 1 *$a 昆虫记$b 专著$f(法)法布尔原著$g 雷素改写
210 **$a 南京$c 江苏少年儿童出版社$d2007
215 **$a247 页$c 插图$d22cm
225 2 *$a 少年版传世经典必读文库
330 **$a 本书在忠实原著的前提下,挑选了有趣的、重要的、具有代表性的又为中国小读者所喜闻乐见的昆虫,进行了编辑与缩写。主要突出每一种

昆虫最具有特点的生存技能与生活状态，在表现虫性的同时，反观人性。

461　＊0$1001003464466

606　0＊$a 昆虫学$j 少年读物

690　＊＊$aQ96－49$v4

701　＊0$c(法)$a 法布尔$c(Fabre，Jean-Henri$f1823－1915)$4 原著

702　＊0$a 雷素$4 改写

例3：

010　＊＊$a978－7－5442－6256－9$b 线装$dCNY24.90

200　1＊$a 绣像全本红楼梦$b 专著$f(清)曹雪芹，(清)高鹗著

210　＊＊$a 海口$c 南海出版公司$d2013

215　＊＊$a371 页$c 图$d26cm

500　10$a 红楼梦

606　0＊$a 古典小说$y 中国$z 清代

606　0＊$a 章回小说$y 中国$z 清代

606　0＊$a 长篇小说$y 中国$z 清代

690　＊＊$aI242.47$v5

701　＊0$c(清)$a 曹雪芹$f(1724－1764)$4 著

701　＊0$c(清)$a 高鹗$f(1758－1815)$4 著

例4：

010　＊＊$a7－5007－2655－4$dCNY18.00

200　1＊$a 红楼梦$b 专著$f 曹雪芹原著$g 林冠夫改写

205　＊＊$a2 版

210　＊＊$a 北京$c 中国少年儿童出版社$d2002

215　＊＊$a504 页$c 插图$d19cm

225　2＊$a 中国古典文学名著$e 少年版

461　＊0$1001002351881

500　10$a 红楼梦

606　0＊$a 古典小说$y 中国$z 清代$j 缩写

606　0＊$a 章回小说$y 中国$z 清代$j 缩写

606　0＊$a 长篇小说$y 中国$z 清代$j 缩写

690　**$aI242.47$v4

701　*0$c(清)$a 曹雪芹$f(1715－1763)$4 原著

702　*0$a 林冠夫$f(1936.12－)$4 改写

(2)衍生关系作品(如改编、改写、缩写、缩编、选编、精编、编撰、编写、编著、主编、编等)

FRBR 对新作品的界定给出了两个判断标准:第一,当一部作品的知识或艺术内容与另一部作品有显著不同,以至成为一部独立的作品;第二,当一部作品的改编涉及显著程度的独立的知识或艺术创作,被看作是新的作品①。但在实践过程中,对于是什么构成了一部作品,以及一部作品与另一部作品之间的分界线在哪里,不同文化、不同机构、不同人员之间的看法可能大相径庭。正如 FRBR 中所述,作品的概念是抽象的,所以很难确定这个实体的准确界线。比如对改编作品与源作品之间改编程度的界定。

在我国当前的编目实践中,对改编作品知识责任的界定不够规范,对作者与贡献者、主要责任者与次要责任者的判断缺乏合理的依据,通常只是按照文献信息源上客观著录的顺序划分主次责任者。除此之外,由于我国文献信息源上多样化的责任方式,并且责任方式的著录也缺乏统一的标准,从而进一步增加了改编作品界定的难度。

建议在编目过程中对改编作品作如下处理:第一,如果改编作品被视为新作品,那么改编者应著录为作者或主要责任者,源作品的作者著录为次要责任者;如果改编程度未达到新作品的标准,那么改编者应视作为次要责任者,源作品的作者著录为主要责任者。第二,改编作品的主题和分类标引应尽可能地与源作品的主题和分类标引有所区分,应在主题和分类方面着重体现出文献内容或形式发生的重大变化。文学作品由一种文体改写、改编为另一种文体的,应按改写、改编后的文体和改写、改编者的国籍、时代标引。

例如:经过改写、改编、缩编的文献,如果内容变化较大,甚至改换题名的,应作为一种新的作品重新标引。文学作品由一种文体改写、改编为另一种文体的,应按改写、改编后的文体和改写、改编者的国籍、时代标引。出现在题名页的源作品的著者著录于 304 字段,其他信息源上的原著者著录于 314 字段,均不做 701 或 702 个人

① 书目记录的功能需求最终报告[EB/OL].[2017－05－02].https://www.ifla.org/files/assets/cataloguing/frbr/frbr-zh.pdf.

名称检索字段。

例 1：

010　**$a978 -7 -5470 -0158 -5$b 线装$dCNY218.00(全 4 册)

200　1 *$a 史记全本$b 专著$f(西汉)司马迁著

210　**$a 沈阳$c 万卷出版公司$d2010

215　**$a4 册(652 页) $d29cm

225　2 *$a 国学丛书集成

330　**$a《史记》叙述了上起黄帝,下至汉武帝太初年间三千年来的政治、经济、文化等多方面情况,及帝王将相、儒林游侠等其他重要人物的事迹。

461　*0$1001005371770

606　0 *$a 中国历史$x 古代史$j 纪传体

690　**$aK204.2$v4

701　*0$c(汉) $a 司马迁$f(前 145 - 前 87?) $4 著

例 2：

010　**$a7 -5342 -3989 -3$dCNY14.00

200　1 *$a 史记故事$b 专著$f 孙侃编写

210　**$a 杭州$c 浙江少年儿童出版社$d2006

215　**$a335 页$c 冠图,插图$d21cm

225　2 *$a 世界少年文学经典文库

304　**$a 司马迁原著

330　**$a《史记》记载了中华民族从炎黄时期到汉武帝时期共约三千年间政治、经济、军事、文化等方面的重要史实,本书选取了其中一批颇具影响、故事性强的重要作品。

461　*0$1001012001071047

606　0 *$a 儿童文学$x 历史故事$x 作品集$y 中国$z 当代

690　**$aI287.53$v4

701　*0$a 孙侃$c(文学) $4 编写

例 3：

010　**$a7 -80084 -774 -8$dCNY28.00

200　1 *$a 惊魂记$b 专著$e 希区柯克悬念惊悚电影故事集$f 何小米编

210 **$a 北京$c 金城出版社$d2006

215 **$a266 页$c 图,照片$d23cm

517 1 *$a 希区柯克悬念惊悚电影故事集

606 0 *$a 电影故事$x 作品集$y 中国$z 当代

690 **$aI247.8$v4

701 *0$a 何小米$4 编

例 4：

010 **$a978 -7 -5145 -0553 -5$dCNY15.00

200 1 *$a 莎士比亚戏剧故事集$b 专著$f(英)查尔斯·兰姆,(英)玛丽·兰姆改编$g 文洁若,萧乾编译

210 **$a 北京$c 中国致公出版社$d2013

215 **$a16,170 页$c 彩图$d21cm

312 **$a 封面英文题名:Tales from Shakespeare

314 **$a(英)莎士比亚著

510 1 *$aTales from Shakespeare$zeng

606 0 *$a 故事$x 作品集$y 英国$z 近代

690 **$aI561.44$v5

701 *0$c(英) $a 兰姆$c(Lamb,Charles$f1775 -1834) $4 改编

701 *0$c(英) $a 兰姆$c(女,Lamb,Mary Ann$$f1764 -1847) $4 改编

702 *0$a 文洁若$c(女, $f1927.7 -) $4 编译

702 *0$c(蒙族) $a 萧乾$f(1910 -1999.3) $4 编译

例 5：

010 **$a978 -7 -5100 -2119 -0$dCNY10.00

200 1 *$a 红楼梦$b 专著$f 李小英缩写

210 **$a 西安$c 世界图书出版西安公司$d2010

215 **$a193 页$c 图$d22cm

300 **$a 中小学生课外书屋

304 **$a 曹雪芹著

606 0 *$a 故事$y 中国$z 当代

690 **$aI247.81$v5

701　＊0$a 李小英$4 缩写

例 6：

010　＊＊$a7 －5056 －0802 －9$b 精装$dCNY25.00

200　1＊$a 西游记$b 专著$e 绘画本$f 肖森[等]编文$g 周申[等]绘画

210　＊＊$a 北京$c 连环画出版社$d2007

215　＊＊$a188 页$d19 ×21cm$e1 光盘

300　＊＊$a 古典文学名著彩色连环画

304　＊＊$a(明)吴承恩原著

307　＊＊$a 附光盘:ISRC CN －Z01 －04 －0009 －0

606　0＊$a 连环画$y 中国$z 现代

690　＊＊$aJ228.4$v4

701　＊0$a 肖森$c(文学) $4 编文

702　＊0$a 周申$f(1943 －) $4 绘画

(3)描述关系作品(如注释、译文、评注、基于原文的评论等)

建议在编目过程中对描述作品做如下处理:第一,如果描述作品被视为新作品,那么描述者应著录为作者或主要责任者,源作品的作者著录为次要责任者;如果描述变化程度未达到新作品的标准,那么描述者应视作为次要责任者,源作品的作者著录为主要责任者。第二,描述作品的主题和分类标引应尽可能地与源作品的主题和分类标引有所区分,应在主题和分类方面着重体现出文献内容或形式发生的重大变化。适当在主题标引中通过题名主题加以体现,如"《孙子兵法》—注释""《道德经》—译文"等。另外,建议根据实际需要,采用连接字段如 470 被评论作品、488 其他相关作品,对作品之间的描述关系予以揭示。

例如:

和曹雪芹写的前八十回红楼梦一同出版的红楼梦续,整体作为红楼梦作品的不同内容表达,但单独出版的红楼梦续集应该视为新的作品。

例 1：

010　＊＊$$a7 －202 －02312 －1$$d￥48

200　1＊$$a 红楼梦$$9hong lou meng$$b 专著$$f(清)曹雪芹,(清)高鹗著$$g 汪原放校点

210　＊＊$$a 石家庄$$c 河北人民出版社$$d1999

215　＊＊$$a3 册(95,1237 页) $$d20cm

225　2 *$$a 亚东版古典小说名著

410　0 *$$12001$$a 亚东版古典小说名著

606　0 *$$a 古典小说$$y 中国$$z 清代

606　0 *$$a 章回小说$$y 中国$$z 清代

606　0 *$$a 长篇小说$$y 中国$$z 清代

690　**$$aI242.47$$v3

692　**$$a44.566$$v2

701　*0$$c(清)$$a 曹雪芹$$f(1715 - 1763)$$9cao xue qin$$4 著

701　*0$$a 高鹗$$9gao e$$4 著

702　*0$$a 汪原放$$f(1897 - 1980)$$9wang yuan fang$$4 校点

例2：

010　**$$a978 - 7 - 5531 - 0341 - 9$$dCNY48.00

049　**$$aA100000NLC$$bUCS01006543555$$c007109032$$dNLC01

200　1 *$$a 红楼梦$$9hong lou meng$$b 专著$$e 名家精评导读版$$f 黎孟德导读$$g 曹雪芹等著

210　**$$a 成都$$c 巴蜀书社$$d2013

215　**$$a3 册(726 页)$$d24cm

225　1 *$$a 国学名著典藏大系$$h 第一辑$$v1

606　0 *$$a 古典小说$$y 中国$$z 清代

606　0 *$$a 章回小说$$y 中国$$z 清代

606　0 *$$a 长篇小说$$y 中国$$z 清代

606　0 *$$a 古典小说

606　0 *$$a 章回小说

606　0 *$$a 长篇小说

690　**$$aI242.47$$v5

701　*0$$a 黎孟德$$9li meng de$$f(1946 -)$$4 导读

702　*0$$c(清)$$a 曹雪芹$$9cao xue qin$$f(1724 - 1764)$$4 著

(4)伴随关系作品

伴随关系作品在著录中视为区别于源作品的独立作品。建议根据实际需要，采用连接字段对作品之间的伴随关系予以揭示。

例如：

和曹雪芹写的前八十回红楼梦一同出版的红楼梦续，整体作为红楼梦作品的不同内容表达，但单独出版的红楼梦续集应该视为新的作品。

例 1：

010　**$a978 -7 -214 -06829 -3$dCNY35.00

200　1 *$a 刘心武续红楼梦$b 专著$f 刘心武著

210　**$a 南京$c 江苏人民出版社$d2011

215　**$a333 页$d24cm

330　**$a 本书收录刘心武续写的红楼梦八十一回至一百零八回。

606　0 *$a 章回小说$y 中国$z 当代

606　0 *$a 长篇小说$y 中国$z 当代

690　**$aI247.47$v4

701　*0$a 刘心武$f(1942.6 -) $4 著

例 2：

010　**$a978 -7 -5108 -1441 -9$dCNY28.00

200　1 *$a 红楼梦续$b 专著$f 温皓然著

205　**$a 增订版

210　**$a 北京$c 九州出版社$d2012

215　**$a232 页$d24cm

330　**$a 二十八回《张江红续红楼梦》事接芹《红》第八十回，志在完整芹《红》未竟之情思脉络，纠正高鹗续书对雪芹的扭曲与违背，恢复芹《红》至情至性之主题、大悲大真之结局。

606　0 *$a 章回小说$y 中国$z 当代

606　0 *$a 长篇小说$y 中国$z 当代

690　**$aI247.47$v5

701　*0$a 温冰然$c(女，$f1976.9 -) $4 著

附录　FRBR 实体属性与 CNMARC、MARC21 描述元素映射表

FRBR 实体属性与 CNMARC、MARC21 描述元素映射表之一:作品(work)

根据 FRBR 定义的实体分为三组:第一组包括书目记录所提及或描述的知识或艺术产品:作品、内容表达、载体表现和单件。根据 FRBR 所研究定义的作品的逻辑属性如下:

1. 作品的题名(title of the work)

2. 作品的形式(form of work)

是作品所属的类别(如:小说、戏剧、诗歌、随笔、传记、交响曲、协奏曲、奏鸣曲、地图、绘图、绘画、照片等)。

3. 作品的日期(date of the work)

作品最初的创作日期。该日期可能是一个单独的日期或日期范围。若没有确定的创作日期,可以使作品首次出版或发行的日期。

4. 其他识别特征(other distinguishing characteristic)

是区分同一题名的不同作品的任何特征。

5. 计划结束期(intended termination)

作品计划在有限期内结束出版还是打算无限期地继续出版。

6. 预期的读者(intended audience)

7. 作品的背景(context for the work)

作品最初构思所处的历史、社会、知识、艺术或其他的环境。

8. 音乐作品的表演媒介(medium of performance)

例:钢琴、小提琴、管弦乐队、男生歌唱等

9. 音乐作品的数字标识(numeric designation)

作曲者、出版者或音乐家给予音乐作品的一个序号、作品号或主题索引号。

10. 音乐作品的调(key)

音乐作品原始创作时确定的调(如 D 主调)。

11. 测绘作品坐标(coordinates)

经度和纬度的度、分、秒,或形成测绘图像或实物区域外边界的偏斜角度。

12. 测绘作品二分点(equinox)

天体图或模型中用以区分年的参考点。

FRBR 实体属性与 CNMARC、MARC21 描述元素映射表之一：作品（work）

属性/关系	数据元素显示				匹配验证		注释说明	
	CNMARC		MARC21		CNMARC	MARC21	CNMARC	MARC21
	字段名称	子字段名称	字段名称	子字段名称				
作品题名	500 统一题名	$a 统一题名	130 主要款目——统一题名	$a 统一题名				
		$h 分辑（册）、章节号		$n 文献分卷/分节号				
		$i 分辑（册）、章节名		$p 文献分卷/分节题名				
	501 作品集统一题名	$a 作品集统一题名	240 统一题名	$a 统一题名				
		$e 作品集统一副题名		$n 文献分卷/分节号				
				$p 文献分卷/分节题名				
	503 统一惯用标目		243 作品集统一题名	$a 统一题名				
				$n 文献分卷/分节号				
				$p 文献分卷/分节题名				
	540 编目员补充的附加题名	$a 附加题名	245 题名说明	$a 题名				
		$h 分辑（册）、章节号		$n 文献分卷/分节号				
		$i 分辑（册）、章节名		$p 文献分卷/分节题名				

续表

<table>
<tr><td rowspan="2">属性/关系</td><td colspan="4">数据元素显示</td><td colspan="2">匹配验证</td><td colspan="2">注释说明</td></tr>
<tr><td colspan="2">CNMARC</td><td colspan="2">MARC21</td><td>CNMARC</td><td>MARC21</td><td>CNMARC</td><td>MARC21</td></tr>
<tr><td rowspan="9"></td><td rowspan="9">200 题名与责任说明</td><td>$a 正题名</td><td rowspan="3">700/710/711 个人、团体、会议名称附加分析款目</td><td>$t 文献题名</td><td></td><td></td><td></td><td></td></tr>
<tr><td>$h 分辑（册）、章节号</td><td>$n 文献分卷/分节号</td><td></td><td></td><td></td><td></td></tr>
<tr><td rowspan="7">$i 分辑（册）、章节名</td><td>$p 文献分卷/分节题名</td><td></td><td></td><td></td><td></td></tr>
<tr><td rowspan="3">730 统一题名附加分析款目</td><td>$t 文献题名</td><td></td><td></td><td></td><td></td></tr>
<tr><td>$n 文献分卷/分节号</td><td></td><td></td><td></td><td></td></tr>
<tr><td>$p 文献分卷/分节题名</td><td></td><td></td><td></td><td></td></tr>
<tr><td rowspan="3">740 附加款目——非控相关/分析题名</td><td>$a 非控相关/分析题名</td><td></td><td></td><td></td><td></td></tr>
<tr><td>$n 文献分卷/分节号</td><td></td><td></td><td></td><td></td></tr>
<tr><td>$p 文献分卷/分节题名</td><td></td><td></td><td></td><td></td></tr>
<tr><td>作品形式</td><td>105 编码数据字段（专著）</td><td>$a（第 4—7 位）内容特征代码</td><td>130 统一题名主要款目</td><td>$k 形式副标目</td><td></td><td>音乐作品:008/18－19 位字符：音乐形式
连续性出版物：008/24 位字符：整体内容特征</td><td></td><td></td></tr>
</table>

续表

属性/关系	数据元素显示				匹配验证		注释说明	
	CNMARC		MARC21		CNMARC	MARC21	CNMARC	MARC21
作品形式	105 编码数据字段(专著)	$a(第 8 位)会议代码	240 统一题名	$k 形式副标目				
		$a(第 9 位)纪念文集指示符	243 作品集统一题名	$k 形式副标目				
		$a(第 11 位)文学体裁代码	245 题名说明	$k 资料形式				
		$a(第 12 位)传记代码						
	110 编码数据字段(连续出版物)	$a(第 3 位)资料类型代码	700/710/711 个人、团体、会议分析附加款目	$k 形式副标目				
		$a(第 4—6 位)所附资料类型代码	730 统一题名附加款目	$k 形式副标目				
		$a(第 7 位)会议出版物指示符						
	124 编码数据字段(测绘制图资料)	$b 测绘制图资料的形式						
	125 编码数据字段(录音制品与印刷乐谱)	$b 非音乐型录音资料的文体类别						
	128 编码数据字段(音乐演唱与宗谱)	$a 作品形式						

续表

属性/关系	数据元素显示				匹配验证		注释说明	
	CNMARC		MARC21		CNMARC	MARC21	CNMARC	MARC21
作品形式	140 编码数据字段（外国古籍——一般性数据）	$a(第9—16位)内容类型代码						
		$a(第17—18位)文学体裁代码						
		$a（第 19 位）传记代码						
	191 编码数据字段:拓片	$a（第 3—5 位）资料类型						
	192 编码数据字段（中国民族音乐）	$a 中国民族音乐作品形式						
	193 编码数据字段（中国古籍——一般性数据）	$a(第0—5位)书籍代码——内容类型						
	500 统一题名	$l 形式副标目						
作品日期	500 统一题名	$q 版本	130 统一题名主要款目	$d 签约日期				
	605 题名主题	$q 版本	240 统一题名	$d 签约日期				
			243 作品集统一题名	$d 签约日期				
			245 题名说明	$g 主体日期				
			700/710/711 个人、团体、会议名称分析附加款目	$d 与名称相关的日期				
			730 附加款目——统一题名	$d 签约日期				

续表

属性/关系	数据元素显示 CNMARC		数据元素显示 MARC21		匹配验证 CNMARC		匹配验证 MARC21		注释说明 CNMARC	注释说明 MARC21
其他识别特征	500 统一题名	$q 其他信息	130 统一题名主要款目	$g 其他信息						
			240 统一题名	$g 其他信息						
			243 作品集统一题名	$g 其他信息						
			700/710/711 个人、团体、会议名称分析附加款目	$g 其他信息						
			730 附加款目——统一题名	$g 其他信息						
预期的读者	100 通用处理数据	$a(第 17—19 位)阅读对象代码								
	333 使用对象附注	$a 附注内容								
	300 一般性附注	$a 附注内容								
表演媒介（音乐作品）	500 统一题名	$r 演奏媒介	130 主要款目——统一题名	$m 音乐的表演方式	128 音乐演出与总谱编码数据	$a 作品形式	048 乐器或人声数代码	$a 表演者或合奏(唱)者		
	501 作品集统一题名	$r 演奏媒介	240 统一题名	$m 音乐的表演方式		$b 合奏、合唱的乐器或人声				
			243 作品集统一题名	$m 音乐的表演方式		$c 独奏、独唱的乐器或人声		$b(独奏(唱)者		
			700/710/711 个人、团体、会议名称附加款目	$m 音乐的表演方式						

续表

属性/关系	数据元素显示				匹配验证		注释说明	
	CNMARC		MARC21		CNMARC	MARC21	CNMARC	MARC21
调（音乐作品）	500 统一题名	$u 调名（音乐用）	130 主要款目——统一题名	$r 音乐调名				
	501 作品集统一题名	$u 调名（音乐用）	240 统一题名	$r 音乐调名				
			243 作品集统一题名	$r 音乐调名				
			700/710/个人、团体、名称附加款目	$r 音乐调名				
			730 附加款目——统一题名	$r 音乐调名				
坐标（测绘作品）	206 测绘制图资料的数学数据	$a 数学数据说明	255 制图数学数据	$c 坐标说明	123 测绘制图资料编码数据字段：$d，$e，$f，$g；$i，$j，$k，$m	034 制图数学数据代码：$d，$e，$f，$g；$j，$k，$m，$n		
二分点（测绘作品）	206 测绘制图资料的数学数据	$a 数学数据说明	255 制图数学数据	$e 二分点说明	123 测绘制图资料编码数据字段：$n 二分点（即春分、秋分点）	034 制图数学数据代码：$p 二分点		

FRBR 实体属性与 CNMARC、MARC21 描述元素映射表之二：内容表达（expression）

FRBR 所研究定义的内容表达的逻辑属性如下：

1. 内容表达的题名（title of the expression）
2. 内容表达的形式（form of the expression）
3. 内容表达的日期（date of the expression）
4. 内容表达的语言（language of the expression）
5. 其他区别特征（other distinguishing characteristic）

统一题名的附加成分；版别、改编（音乐）等其他附件成分。

6. 内容表达的扩充性（extensibility of expression）
7. 内容表达的可修改性（revisability of expression）
8. 内容表达的数量（extent of the expression）
9. 内容提要（summarization of content）
10. 内容表达的背景（context for the expression）
11. 内容表达的评论反馈（critical response to the expression）
12. 内容表达的使用限制（use restrictions on the expression）
13. 序列模式（sequencing pattern）（连续出版物）
14. 预期发行规律（expected regularity of issue）（连续出版物）
15. 预期出版周期（expected freguency of issue）（连续出版物）
16. 乐谱类型（type of score）（乐谱）
17. 表演媒介（medium of performance）（乐谱或录音）
18. 比例尺（scale）（测绘图像/实物）
19. 投影（projection）（测绘图像/实物）
20. 内容表达的技术（presentation technique）（测绘图像/实物）
21. 地形的表示（representation ofrelief）（测绘图像/实物）
22. 大地测量、方格坐标和垂直测量（geodetic, grid, and vertical measurement）（测绘图像/实物）
23. 记录技术（recording technique）（遥感图像）
24. 特殊特征（special characteristic）（遥感图像）
25. 技术（technique）（图形或投影图像）

FRBR 实体属性与 CNMARC、MARC21 描述元素映射表之二：内容表达（expression）

属性	数据元素显示					匹配验证	注释说明
	CNMARC		MARC21				
	字段名称	子字段名称	字段名称	子字段名称			
内容表达的题名	200 题名与责任说明项	$a 正题名	245 题名说明	$a 题名			
		$d 并列题名		$b 其他题名信息			
		$e 其他题名信息		$p 文献分卷/分节题名			
		$h 分卷册编次					
		$i 分卷册题名					
	312 相关题名附注	$a 附注内容	246 变异题名（当第 2 指示符分别 = ）	指示符值	$a 题名描述		
	512 封面题名	$a 封面题名		#	未指定类型		
		$e 其他题名信息		0	部分题名		
		$h 分卷册编次		1	并列题名		
		$i 分卷册题名		2	区别性题名		
	513 附加题名页题名	$a 附加题名页题名		3	其他题名		
		$e 其他题名信息		4	封面题名		
		$h 分卷册编次		5	附加题名页题名		
		$i 分卷册题名		6	卷端题名		
	514 卷端题名	$a 卷端题名		7	逐页题名		
		$e 其他题名信息		8	书脊题名		
		$h 分卷册编次		$b 其他题名信息			
		$i 分卷册题名		$n 文献分卷/分节号			
	515 逐页题名	$a 逐页题名		$p 文献分卷/分节题名			
		$e 其他题名信息					
		$h 分卷册编次					
		$i 分卷册题名					
	516 书脊题名	$a 书脊题名					
		$e 其他题名信息					
		$h 分卷册编次					
		$i 分卷册题名					
	517 其他题名	$a 其他题名					
		$e 其他题名信息					
		$h 分卷册编次					
		$i 分卷册题名					

续表

属性	数据元素显示				匹配验证	注释说明
内容表达的形式	Leader 头标区	字符位 06 记录类型	Leader 头标区	字符位 06 记录类型		头标第 06 位字符的表现形式可以细分同一作品的不同内容表达,如:文本资料、乐谱、录音资料等
			008 定长数据元素——一般信息(音乐)	第 18—19 位字符,乐曲形式		
内容表达的日期	100 通用处理数据	$a8—16 位字符,出版日期类型	008 定长数据元素——一般信息	第 6—14 位字符,出版日期类型/出版状态		
	210 出版发行项	$d 出版发行年	260 出版发行项	$c 出版发行日期		
	500 统一题名	$h 印刷年				
		$k 出版日期		$g 制作日期		
			264 制作出版发行版权说明	$c 制作出版发行版权日期		
内容表达的语言	101 文献语种	$a 正文、声道等语种	008 定长数据元素——一般信息	第 35—37 位字符,语种代码		
		$d 提要语种				
		$e 与正文不同的目次页语种				
		$f 与正文语种不同的题名页语种				
		$g 与正文、声道的第一语种不同的正题名语种				
		$h 歌词等的语种				
		$i 附件语种				
		$j 字幕语种				
	500 统一题名	$m 文献的语种				
	501 作品集统一题名	$m 文献的语种				

续表

属性	数据元素显示				匹配验证	注释说明
内容表达的语言	532 展开题名（连续出版物）	$z 展开题名语种	041 语种代码	$a 正文/音轨或其他题名语种代码		
	541 编目员补充的翻译题名	$z 翻译题名语种		$b 文摘/字幕语种代码		
				$d 演唱或演讲语种代码		
				$e 台本语种代码		
				$f 目次语种代码		
				$g 台本外的附件语种代码		
				$h 原文或转译著作的语种代码		
			130 主要款目——统一题名	$l 文献语言		
			240 统一题名	$l 文献语言		
			243 作品集统一题名	$l 文献语言		
			546 语种附注	$a 语种附注		
其他识别特征	500	$w 改编乐曲说明	130 主要款目——统一题名	$o 音乐改编说明		130、240、243 字段中的$o 子字段可和原始的创作区分开
	501 作品集统一题名	$w 改编乐曲说明	240 统一题名	$o 音乐改编说明		
			243 作品集统一题名	$o 音乐改编说明		
			245 题名说明	$s 版本		

续表

属性	数据元素显示				匹配验证	注释说明
内容表达的范围	115 投影制品、录像制品和电影制品	$a 第 1—3 位字符:长度	006 可视资料	01—03 位字符:放映时间		
	127 录音制品与印刷乐谱播放时间	$a 播放时间	008 可视资料	18—20 位字符:电影或录像的放映时间		
	135 电子资源	$a 第 0 位字符:电子资源类型				
内容提要	327 内容附注	$a 附注内容	505 格式化内容附注	$a 格式化内容附注		
	330 提要或文摘	$a 附注内容	520 摘要等附注	$a 摘要等附注		
内容表达的使用限制	306 出版发行附注	$a 附注内容	506 获取限定附注	$a 控制获取条件		
				$b 管辖权限		
	300 一般附注	$a 附注内容		$c 具体检索限定		
				$d 授权用户		
	333	$a 附注内容	521 读者对象附注	$a 读者对象附注		
			540 使用与复制条件附注	$a 使用与复制条件		
				$b 管辖单位		
				$d 授权用户		
预期出版规律(连续出版物)	110 连续出版物编码数据字段	$a 第 2 位字符,出版规律	008 定长数据元素——连续性资源	第 19 位字符,发行规律		
预期出版周期(连续出版物)	110 连续出版物编码数据字段	$a 第 1 位字符,出版周期	008 定长数据元素——连续性资源	第 18 位字符,出版频率		

FRBR实体属性与CNMARC、MARC21描述元素映射表之三：载体表现（manifestation）

FRBR所研究定义的载体表现的逻辑属性如下：

1. 载体表现的题名（title of the manifestation）

2. 责任说明（statement of responsibility）

3. 版本/发行标识（edition/issue designation）

4. 出版/发行地（place of publication/distribution）

5. 出版/发行者（publisher/distributor）

6. 出版/发行日期（date of publication/distribution）

7. 制作/制造者（fabricator/manufacture）

8. 丛编说明（series statment）

9. 载体形式（form of carrier）

指物理载体所属的特定物质类别（盒式录音带、录像盘、缩微胶卷盒、幻灯片等）。由多种物理部件组成的载体，可能包括多种形式（如：附有一个小册子的幻灯条片、一张有电影声道的录音盘等）。

10. 载体数量（extent of the carrier）

11. 物理介质（physical medium）

12. 记录方式（capture mode）

13. 载体尺寸（dimensions of the carrier）

14. 载体标识符（manifestation identifier）

15. 采访来源/访问权限（source for acquisition/access authorization）

16. 获取条件（terms of availability）

17. 载体的获取限制（access restrictions on the manifestation）

18. 字体（typeface）（印刷的图书）

19. 字体大小（type size）（印刷的图书）

20. 张数（foliation）（手工印刷的图书）

21. 稽核（collation）（手工印刷的图书）

22. 出版状态（publication status）（连续出版物）

23. 编号（numbering）（连续出版物）

24. 播放速度（playing speed）（录音）

25. 纹宽（groove width）（录音）

26. 刻纹种类（kind of cutting）（录音）

27. 磁带配置（tape configuration）（录音）

28. 声音种类（kind of sound）

29. 特殊复制特征(special reproduction characteristic)(录音)
30. 颜色(colour)(图像)
31. 缩小比例(reduction ratio)(缩微制品)
32. 极性(polarity)(缩微制品或投影制品)
33. 代(generation)(缩微制品或投影制品)
34. 表示格式(presentation format)(投影制品)
35. 系统要求(system requirements)(电子资源)
36. 文件特点(file characterisitics)(电子资源)
37. 访问方式(mode of access)(远程访问电子资源)
38. 访问地址(access address)(远程访问电子资源)

FRBR 实体属性与 CNMARC、MARC21 描述元素映射表之三：载体表现（manifestation）

<table>
<tr><th rowspan="3">属性/关系</th><th colspan="5">数据元素显示</th><th rowspan="3">匹配验证</th><th rowspan="3">注释说明</th></tr>
<tr><th colspan="2">CNMARC</th><th colspan="3">MARC21</th></tr>
<tr><th>字段名称</th><th>子字段名称</th><th>字段名称</th><th colspan="2">子字段名称</th></tr>
<tr><td rowspan="10">载体表现的题名</td><td rowspan="4">200 题名与责任说明项</td><td>$a 正题名</td><td rowspan="5">245 题名说明</td><td colspan="2">$a 题名</td><td></td><td></td></tr>
<tr><td>$h 分卷册编次</td><td colspan="2">$n 文献分卷/分节号</td><td></td><td></td></tr>
<tr><td>$i 分卷册题名</td><td colspan="2" rowspan="3">$p 文献分卷/分节题名</td><td></td><td></td></tr>
<tr><td>$d 并列题名</td><td></td><td></td></tr>
<tr><td>304 题名与责任说明附注</td><td>$a 附注内容</td><td></td><td></td></tr>
<tr><td>312 相关题名附注</td><td>$a 附注内容</td><td rowspan="5">246 变异题名（当第 2 指示符分别 = ）</td><td>指示符值</td><td>$a 题名描述</td><td></td><td></td></tr>
<tr><td rowspan="4">512 封面题名</td><td rowspan="2">$a 封面题名</td><td>#</td><td>未指定类型</td><td></td><td></td></tr>
<tr><td>0</td><td>部分题名</td><td></td><td></td></tr>
<tr><td>$h 分卷册编次</td><td>1</td><td>并列题名</td><td></td><td></td></tr>
<tr><td>$i 分卷册题名</td><td>2</td><td>区别性题名</td><td></td><td></td></tr>
</table>

续表

属性/关系	数据元素显示					匹配验证	注释说明
载体表现的说明	513 附加题名页题名	$a 附加题名页题名	246 变异题名（当第 2 指示符分别 = ）	3	其他题名		
				4	封面题名		
		$h 分卷册编次		5	附加题名页题名		
		$i 分卷册题名		6	卷端题名		
	514 卷端题名	$a 卷端题名		7	逐页题名		
				8	书脊题名		
		$i 分卷册题名		$n 文献分卷/分节号			
	515 逐页题名	$a 逐页题名		$p 文献分卷/分节题名			
			242 编目机构提供的翻译题名	$a 题名			
				$n 文献分卷/分节号			
				$p 文献分卷/分节题名			
		$h 分卷册编次					
		$i 分卷册题名					
	516 书脊题名	$a 书脊题名					
		$h 分卷册编次					
		$i 分卷册题名					
	517 其他题名	$a 其他题名					

续表

属性/关系	数据元素显示				匹配验证	注释说明
		$h 分卷册编次				
		$i 分卷册题名				
责任说明	200 题名与责任说明	$f 第一责任说明	245 题名说明	$c 责任说明等		
		$g 其他责任说明	242 编目机构提供的翻译题名	$c 责任说明等		
	304 题名与责任说明附注	$a 附注内容				
	314 知识责任附注	$a 附注内容				
版本/出版说明	205 版本说明	$a 版本说明	250 版本说明	$a 版本说明		
		$b 补充版本说明		$b 版本说明的其他部分		
	305 版本与书目史附注	$a 附注内容	562 复本和版本识别附注	$a 识别标志		
				$b 复本标识		
				$c 版本标识		
出版/发行地	102 出版国别	$a 出版国别代码	008 定长数据元素——一般信息	15—17 位字符，出版地		
		$b 出版地区代码				
	210 出版发行说明	$a 出版发行地	260 出版发行	$a 出版发行地		
	306 出版发行等附注	$a 附注内容	264 制作出版发行版权说明	$a 制作出版发行地		

续表

属性/关系	数据元素显示				匹配验证	注释说明
出版/发行者	210 出版发行说明	$c 出版发行者名称	260 出版发行	$b 出版发行者		对于没有单独建立复制品的记录，主要款目可以通过 533 字段生成
	306 出版发行附注	$a 附注内容	264 制作出版发行版权说明	$b 制作出版发行者		
			533 复制品附注	$c 复制责任者（机构）		
出版/发行日期	100 通用处理数据	$a8—16 位字符，出版日期	008 定长数据元素——一般信息	06—14 位字符，出版日期		
	210 出版发行说明	$d 出版发行日期	260 出版发行	$c 出版发行日期		
	306 出版发行附注	$a 附注内容	264 制作出版发行版权说明	$c 制作出版发行日期		
			533 复制品附注	$d 复制日期		
制作/制造者	210 出版发行说明	$e 印刷地	260 出版发行	$e 制作地		
				$f 制作者		
		$g 印刷者名称		$g 制作日期		
		$h 印刷年	264 制作出版发行版权说明	$a 制作出版发行地		
				$b 制作出版发行者		
	306 出版发行附注	$a 附注内容		$c 制作出版发行日期		

续表

属性/关系	数据元素显示				匹配验证	注释说明
从编说明	225 从编说明	$a 从编正题名	440 从编说明	$a 从编题名		
		$d 并列从编名		$n 附属从编编号		
		$f 从编责任说明		$p 附属从编题名		
		$h 子从编编次		$v 从编卷期		
		$i 子从编名				
		$v 从编编号				
载体形式	215 载体形态项	$a 特定文献类型标识	338 载体类型			
		$e 附件				
	206 资料特定细节项：测绘制图资料的数学数据	$a 数学数据说明				
	207 资料特定细节项：连续出版物卷期编号	$a 编号：年代和卷期标识				
	208 资料特定细节项：印刷乐谱的特定说明	$a 印刷乐谱的特定细节说明				

续表

属性/关系	数据元素显示				匹配验证	注释说明
	115 编码数据字段：投影制品、录像制品和电影制品	$a 第 6 位字符：声音媒体				
		$a 第 8 位字符：发行载体类型——投影制品、电影制品				
		$a 第 11—14 位字符：附件				
	116 编码数据字段：图形资料	$a 第 0 位字符：特定资料标识				
	124 编码数据字段：测绘制图资料——特定资料标识	$b 测绘制图资料的形式				
	126 编码数据字段：录音制品——形态特征	$a 第 0 位字符：发行载体				
		$b 第 0 位字符：唱片、录音筒或录音带的类型				
	130 编码数据字段：缩微制品——形态特征	$a 第 0 位字符：特定资料标识				
载体数量	215 载体形态项	$a 页数或卷册数	300 载体形态	$a 篇幅		
	307 载体形态附注	$a 附注内容	533 复制品附注	$e 复制品载体形态		

续表

属性/关系	数据元素显示				匹配验证	注释说明
载体尺寸	215 载体形态项	$d 尺寸	300 载体形态	$c 尺寸		
			533 复制品附注	$e 复制品载体形态		
	307 载体形态附注	$a 附注内容				
	115 编码数据字段：投影制品、录像制品和电影制品	$a 第 7 位字符：宽度或尺寸				
	126 编码数据字段：录音制品——形态特征	$a 第 4 位字符：录音制品尺寸				
		$a 第 5 位字符：带宽				
	130 编码数据字段：缩微制品——形态特征	$a 第 2 位字符：尺寸				
物理介质	215 载体形态项	$c 其他形态细节	300 载体形态	$b 其他形态细节		300 字段中的 $b 子字段具体包括覆盖在 FRBR 基本记录的两个属性：物理介质和表示格式
	307 载体形态附注	$a 附注内容	533 复制品附注	$e 复制品载体形态		

续表

属性/关系	数据元素显示				匹配验证	注释说明
记录方式						
播放速度（录音）						
纹宽（录音）						
刻纹种类（录音）						
磁带配置（录音）						
声音的种类（录音）						
特殊复制特征（录音）						

续表

属性/关系	数据元素显示				匹配验证	注释说明
颜色（图像）						
极性（缩微制品或投影制品）						
表示格式（投影制品）						
文件特点（电子资源）						
缩小比例（缩微制品）	215 载体形态项					
	307 载体形态附注	$a 附注内容	533 复制品附注	$e 复制品载体形态		
	130 编码数据字段：缩微制品——形态特征	$a 第 3 位字符：缩率				
		$a 第 4—6 位字符：指定缩率				

续表

属性/关系	数据元素显示				匹配验证	注释说明
载体表现标识号	010 国际标准书号	$a 国际标准书号	013 专利控制信息	$a 专利号		
	011 国际标准连续出版物号	$a 国际标准连续出版物号	015 国家书目号	$a 国家书目号		
	013 国际标准音乐号	$a 国际标准音乐号	017 版权或法定呈缴号	$a 版权或法定呈缴号		
	014 论文标识号	$a 论文标识号	018 版权论文费代码	$a 版权论文费代码		
	015 国际标准技术报告号	$a 国际标准技术报告号	020 国际标准书号	$a 国际标准书号		
	016 国际标准音像编码	$a 国际标准音像编码	022 国际标准连续出版物号	$a 国际标准连续出版物号		
	017 其他标准号	$a 标准标号	024 其他标准号标识	$a 标准号或代码		
	021 版权登记号	$b 版权登记号	025 海外采访号	$a 海外采访号		
	022 政府出版物号	$b 政府出版物号	027 标准技术报告号	$a 标准技术报告号		
	040CODEN（连续出版物）	$a CODEN 六位字符代码	028 音乐资料出版编号	$a 出版编号		

续表

属性/关系	数据元素显示				匹配验证	注释说明
	071 出版编号（录音和音乐）	$a 出版编号	030 科技期刊缩称代码	$a 缩称代码		
	072 通用产品代码	$a 产品代码	031 音乐导句信息	$a 作品号		
	073 国际论文号	$a 国际论文号	032 邮政登记号	$a 邮政登记号		
	091 统一书刊号	$a 统一书刊号	074 美国政府出版局文献号	$aGPO 文献号		
	094 标准号	$b 标准号				
	301 标志号附注	$a 附注内容				
获得方式	010 国际标准书号	$d 获得方式和/或价格	020 国际标准书号	$c 文献获得方式		
	011 国际标准连续出版物号	$d 获得方式和/或价格	022 国际标准连续出版物号			
	013 国际标准音乐号	$d 获得方式和/或价格	024 其他标准号标识	$c 文献获得方式		
	015 国际标准技术报告号	$d 获得方式和/或价格				
	016 国际标准音像编码	$d 获得方式和/或价格				

续表

属性/关系	数据元素显示				匹配验证	注释说明
获得方式	017 其他标准号	$d 获得方式和/或价格				
	071 出版编号（录音和音乐）	$d 获得方式和/或价格				
	072 通用产品代码	$d 获得方式和/或价格				
	073 国际论文（物品）号	$d 获得方式和/或价格				
	091 统一书刊号	$d 获得方式和/或价格				
	345 采访信息附注	$d 获得方式				
	310 装订及获得方式附注	$a 附注内容				
载体表现的检索限制	306 出版发行等附注	$a 附注内容	506 获取限定附注	$a 控制获取条件		
				$b 管辖权限		
				$c 具体检索限定		
载体表现的开本	215 载体形态项	$d 尺寸	300 载体形态项	$c 尺寸		
	307 载体形态附注	$a 附注内容				
出版状态（连续出版物）	100 编码信息块	$a 第 8 位字符为 a、b、c	008 定长数据元素	第 6 位字符：日期类型/出版状态		
卷期编号（连续出版物）	207 资料特定细节项：连续出版物卷期编号	$a 编号：年代和卷期标识	362 出版日期和/或卷期标识	$a 出版日期和/或卷期标识		

参考文献

［1］白磊. 加拿大国立图书馆书目工作特点［J］. 1985(2):79 - 82.

［2］鲍振西,李哲民. 国外的国家图书馆［J］. 国家图书馆学刊,1979(4):60 - 72,88.

［3］曹宁. 根据 FRBR 模型重新构造书目数据体系的探索［J］. 数字图书馆论坛,2008(5):43 - 48.

［4］陈传夫,柯平,刘正福. 三十五年来的我国国家书目［J］. 武汉大学学报(社会科学版),1984(6):112 - 117.

［5］费巍. 西方目录学的发展及其对我国目录学研究的借鉴意义［J］. 图书情报知识,2008(1):50 - 55.

［6］顾力文. 英国国家书目文献服务中心［J］. 情报杂志,1997(2).

［7］韩宁. FRBR 化实现方法比较研究［J］. 图书馆论坛,2012,32(4):107 - 110.

［8］郝嘉树. 境外名称规范相关项目及发展趋势研究［J］. 图书与情报,2016(2):123 - 132.

［9］胡小菁,李恺. MARC 四十年的发展及其未来［J］. 中国图书馆学报,2010(2):83 - 89.

［10］胡小菁. FRBR 化:在我国实施的难点［EB/OL］.［2005 - 07 - 23］. http://catwizard. bokee. com/2361272. html.

［11］胡小菁. 论新一代 OPAC 的理念与实践［J］. 中国图书馆学报,2006(5):67 - 70,75.

［12］胡晓鹰. FRBR20 年:理论与应用研究综述［J］. 图书馆建设,2013(4):8 - 17.

［13］胡晓鹰. FRBR 概念模型与 CNMARC 之比较研究［J］. 图书馆论坛,2007(5):110 - 114.

［14］胡晓鹰. FRBR 化中文 OPAC 运算法则开发研究［J］. 图书情报工作,2008(8):89 - 92.

［15］黄俊贵,姚蓉. 我国书目系统控制的流弊及其对策［M］//全国总书目(2006)电子版使用手册. 北京:新闻出版总署信息中心,2007:1 - 23.

［16］柯平. IFLA“国际书目控制与国际机读目录”计划的回顾与展望［J］. 大学图书馆学报,1993(5):18 - 29.

［17］李致忠. 中国国家图书馆馆史 1909—2009［M］. 北京:国家图书馆出版社,2009:340 - 341.

［18］刘启柏. 国家书目与呈缴本制度［J］. 图书馆学研究,1982(3):6 - 14.

［19］刘素清. IFLA 书目记录功能需求(FRBR)初探［J］. 大学图书馆学报,2004(6):65 - 69.

［20］毛雅君. 中国国家书目工作回顾及思考［J］. 图书馆学研究,2017(14):45 - 49.

［21］倪晓健. 国家书目［J］. 四川图书馆学报,1985(2):44 - 46.

［22］日本国会图书馆规范库的关联数据［EB/OL］.［2012 - 08 - 18］. http://catwizard. net/posts/20120818231432. html.

［23］王艺. 国家书目及其编制［J］. 1987(6):37 - 47.

［24］王艺. 论国家书目与国家书目控制及世界书目控制的关系［J］. 山东图书馆季刊,1991(1):8 - 11.

[25] 文榕生. 中国国家书目探究[J]. 图书馆论坛,2011(6):207 - 213.

[26] 许琬. 常用的几种国家书目[J]. 图书情报工作,1981(3):35 - 37.

[27] 苑克俪. "中国国家书目回溯数据库(1949—1987)"之建立[J]. 北京图书馆馆刊,1998(1):104 - 111.

[28] 张田吉,白德位. FRBR 研究现状及发展趋势[EB/OL]. [2017 - 09 - 08]. https://wenku.baidu.com/view/d39c1b65cc22bcd127ff0c65.html.

[29] AALBERG T,ZUMER M. The value of MARC data,or,challenges of FRBRisation [J]. Journal of Documentation,2013,69(6):851 - 872.

[30] BENNETT R,LAVOIE B F,O'NEILL E T. The concept of a work in WorldCat:an application of FRBR[EB/OL]. [2014 - 05 - 11]. http://www.oclc.org/research/publications/archive/2003/lavoie_frbr.pdf.

[31] CHOI Y. A practical application of FRBR for organizing information in digital environments[J]. Knowl. Org,2012,39(4):233 - 416.

[32] Ex Libris Limited. Primo technical guide[M]. Ex Libris,2012:128 - 131.

[33] FictionFinder:a FRBR-based prototype for fiction in WorldCat[EB/OL]. [2014 - 05 - 02]. http://www.oclc.org/research/activities/fictionfinder.html.

[34] HEGNA K,MURTOMAA E. Data mining MARC to find:FRBR:68th IFLA Council and General Conference,August 18 - 24,2002[C/OL]. [2008 - 11 - 21]. http://www.ifla.org/IV/ifla68/papers/053-133e.pdf.

[35] HICKEY,T B,TOVES J. FRBR work-set algorithm version 2.0[EB/OL]. [2014 - 05 - 11]. http://www.oclc.org/content/dam/research/activities/frbralgorithm/2009 - 08.pdf.

[36] HICKEY T B,TOVES J. FRBR work-set algorithm[EB/OL]. [2014 - 05 - 11]. http://www.oclc.org/content/dam/research/activities/frbralgorithm/2005 - 04.pdf.

[37] KIM J,MOON J. Korean books and FRBR:an investigation[J]. Program:Electronic Library and Information Systems,2010,44(3):215 - 228.

[38] KRIER L. Serials,FRBR,and library linked data:a way forward[J]. Journal of Library Metadata,2012,(12):177 - 187.

[39] LE BOEUF P. Foreword[J]. Cataloging & Classification Quarterly,2012(50):5 - 7,355 - 359.

[40] LEE H,PARK Z. FRBRizing bibliographic records focusing on identifiers and role indicators in the Korean cataloging environment [J]. Cataloging & Classification Quarterly, 2012, 50 (5 - 7): 688 - 704.

[41] Library of Congress Network Development and MARC Standards Office. FRBR display tool version 2.0[EB/OL]. [2013 - 02 - 09]. http://www.loc.gov/marc/marc-functional-analysis/tool.html.

[42] Network Development and MARC Standards Office,Library of Congress. Displays for multiple versions from MARC21 and FRBR [EB/OL]. [2014 - 09 - 08]. http://www.loc.gov/marc/marc-

functional-analysis/multiple-versions. html.

[43] NORUZI A. FRBR and tillett's taxonomy of bibliographic relationships[J]. Knowl. Org, 2012, 39 (6): 409 - 416.

[44] OCLC research activities and IFLA's functional requirements for bibliographic records [EB/OL]. [2013 - 06 - 30]. http://www. oclc. org/research/activities/frbr. html? urlm = 159763.

[45] OCLC research activities and IFLA's functional requirements for bibliographic records[EB/OL]. [2014 - 05 - 02]. http://www. oclc. org/research/activities/frbr. html? urlm = 159763.

[46] O'NEILL E. FRBR: functional requirements for bibliographic records application of the entity-relationship model to humphry clinker[EB/OL]. [2014 - 05 - 11]. http://www. oclc. org/research/publications/archive/2002/oneill_frbr22. pdf.

[47] PEPONAKIS M, SFAKAKIS M, KAPIDAKIS S. FRBRization: using UNIMARC link fields to identify works[C]//World Library and Information Congress: 77th IFLA General Conference and Assembly, San Juan, Puerto Rico, August 13 - 18, 2011.

[48] PISANSKI J, ZUMER M, AALBERG T. FRBRisation towards a bright new future for national bibliographies [J]. KBC, 2010, 39(1): 3 - 6.

[49] The FRBRization of humphry clinker: a case study in the application of IFLA's functional requirements for bibliographic records (FRBR) [EB/OL]. [2014 - 05 - 08]. http://www. oclc. org/research/activities/frbr/clinker. html.

[50] THORNBURG G. A candid look at collected works: challenges of clustering aggregates in GLIMIR and FRBR[J]. Information Technology and Libraries, 2014(9): 53 - 64.

[51] To kill a mockingbird [EB/OL]. [2014 - 05 - 29]. http://www. worldcat. org/title/to-kill-a-mockingbird/oclc/822075563? referer = null&ht = edition.

[52] xISBN (Web service) [EB/OL]. [2015 - 02 - 26]. http://www. worldcat. org/affiliate/webservices/xisbn/app. jsp.